SENTIMIENTO DEL TOREO

Pedro Serna

SENTIMIENTO DEL TOREO

Prólogo, edición y selección
de Carlos Marzal

Miquel Barceló
Felipe Benítez Reyes
José Bergamín
Antonio Bienvenida
Francisco Brines
J.M. Caballero Bonald
Luis Alberto de Cuenca
Luis Francisco Esplá
Vicente Gallego
Rafael Gómez, el Gallo
Félix Grande
Antonio Lucas
Carlos Marzal
Juan Luis Panero
Rafael de Paula
Fernando Quiñones
Joaquín Sabina
Ignacio Sánchez Mejías
Eloy Sánchez Rosillo
Andrés Trapiello
Mario Vargas Llosa
Manolo Vázquez
Joaquín Vidal

263

1.ª edición: mayo de 2010

© del Prólogo, edición y selección: Carlos Marzal, 2010

© Del texto *Un ejercicio de deslumbramiento:* © Miquel Barceló, 2010 y Luis Francisco Esplá, 2010; de *Fugacidades* y *Rafael de Paula en sí mismo:* © Felipe Benítez Reyes, 2010; de *Entendimiento del toreo:* © Herederos de José Bergamín, 2010; de *La salida del toro:* © Herederos de Antonio Bienvenida, 2010; de *El arte del toreo: razonamiento de una mirada* y *Reflexiones taurinas de un convaleciente:* © Francisco Brines, 2010; de *Del ritual del miedo:* © José Manuel Caballero Bonald, 2010; de *Recortables taurinos:* © Luis Alberto de Cuenca, 2010; de *Mi concepción del toreo:* © Luis Francisco Esplá, 2010; de *Alamares de sol y de silencio:* © Vicente Gallego, 2010; de *El aviso:* © Herederos de Rafael Gómez, el Gallo, 2010; de *Chenel:* © Félix Grande, 2010; de *La terna de la memoria:* © Antonio Lucas, 2010; de *La quietud en el toreo* y *Vuelve la temporada:* © Carlos Marzal, 2010; de *Dos naturales en la Maestranza:* © Juan Luis Panero, 2010; de *Anotaciones de torero y de aficionado:* © Rafael de Paula; de *Pepe Luis:* © Herederos de Fernando Quiñones, 2010; de *De purísima y oro:* © Joaquín Sabina, 2010; de *La tauromaquia:* © Herederos de Ignacio Sánchez Mejías, 2010; de *Toros. Un recuerdo de infancia:* © Eloy Sánchez Rosillo, 2010; de *El entendido en el tendido:* © Andrés Trapiello, 2010; de *El pregón de Sevilla:* © Mario Vargas Llosa, 2010; de *Querer y poder ser torero:* © Herederos de Manolo Vázquez, 2010; de *¿Quién mira al toro?:* © Herederos de Joaquín Vidal, 2010.

Diseño de la colección: Lluís Clotet y Ramón Úbeda
Diseño de la cubierta: Estudio Úbeda
Reservados todos los derechos de esta edición para
Tusquets Editores, S.A. - Cesare Cantù, 8 - 08023 Barcelona
www.tusquetseditores.com
ISBN: 978-84-8383-240-0
Depósito legal: B. 15.932-2010
Fotocomposición: Anglofort, S.A.
Impresión: Limpergraf, S.L. - Mogoda, 29-31 - 08210 Barberà del Vallès
Encuadernación: Reinbook
Impreso en España

Queda rigurosamente prohibida cualquier forma de reproducción, distribución, comunicación pública o transformación total o parcial de esta obra sin el permiso escrito de los titulares de los derechos de explotación.

Índice

P. 13 Prólogo, *Carlos Marzal*

La razón taurina
25 Entendimiento del toreo, *José Bergamín*
33 El arte del toreo: razonamiento de una mirada, *Francisco Brines*
51 Fugacidades, *Felipe Benítez Reyes*
55 Del ritual del miedo, *José Manuel Caballero Bonald*
61 La quietud en el toreo, *Carlos Marzal*
71 Un ejercicio de deslumbramiento, *Miquel Barceló y Luis Francisco Esplá*
93 El pregón de Sevilla, *Mario Vargas Llosa*

El zapatero en sus zapatos
111 El aviso, *Rafael Gómez, el Gallo*
115 La tauromaquia, *Ignacio Sánchez Mejías*
129 La salida del toro, *Antonio Bienvenida*
133 Querer y poder ser torero, *Manolo Vázquez*
139 Anotaciones de torero y de aficionado, *Rafael de Paula*
147 Mi concepción del toreo, *Luis Francisco Esplá*

De frente y de perfil
161 Chenel, *Félix Grande*
167 Dos naturales en la Maestranza, *Juan Luis Panero*

175 Rafael de Paula en sí mismo, *Felipe Benítez Reyes*
183 Pepe Luis, *Fernando Quiñones*
189 De purísima y oro, *Joaquín Sabina*

La divisa del recuerdo
197 Reflexiones taurinas de un convaleciente, *Francisco Brines*
214 El entendido en el tendido, *Andrés Trapiello*
221 Recortables taurinos, *Luis Alberto de Cuenca*
225 ¿Quién mira al toro?, *Joaquín Vidal*
229 Toros. Un recuerdo de infancia, *Eloy Sánchez Rosillo*
237 La terna de la memoria, *Antonio Lucas*
243 Alamares de sol y de silencio, *Vicente Gallego*
249 Vuelve la temporada, *Carlos Marzal*

Apéndices
255 Los autores de los textos
265 Los pintores
273 Agradecimientos

Ilustraciones

Miquel Barceló, *70*
Manuel Antonio Benítez Reyes, *50, 60, 174, 179, 236*
José Bergamín, *27*
Véronique Bouissière, *30, 128, 162*
Ricardo Cadenas, *220, 248*
Joan Cardells, *212*
Javier Chapa, *92, 99, 112*
Luis Claramunt, *17*
Antonio Domènech, *114, 121, 166, 169, 182, 228*
Ramón Gaya, *11, 23, 109, 159, 195, 253*
Luis Gordillo, *227*
Miquel Navarro, *146, 151, 155, 242, 245*
Manuel Padorno, *224*
Guillermo Peyró Roggen, *54, 57*
Joaquín Sáenz, *132, 138, 143*
Pedro Serna, *5, 32, 188, 191, 205*

Prólogo

Ramón Gaya

Prólogo
Carlos Marzal

La expresión *sentimiento del toreo* podría parecer redundante, si bien se mira, a algún espectador meticuloso. Porque, siendo el toreo una manifestación artística, ¿cómo habría de ejecutarse, de entenderse, si no es desde la expresión del sentimiento, desde la conmoción personal, desde la intimidad emocionada?

El arte ha constituido siempre una manera de sentir el universo mediante un lenguaje determinado, y cualquier lenguaje representa, a su vez, una manera de sentir el universo. Es decir: el arte es siempre un sentimiento dentro de otro. Un sentimiento que siente a través de otro: el sentimiento personal de quien escribe, pinta, torea o canta, con la ayuda de un lenguaje que ya se ha encargado de experimentar el mundo a través de su tradición. (De ahí que quien cante, toree, pinte o escriba, lo haga con todo lo que se ha llevado a cabo antes en su ámbito, con toda su tradición a cuestas, lo sepa o no. Se escribe con el cúmulo de lo que han escrito los demás antes, y se torea con la Historia del Toreo, cargada a la espalda, para bien y para mal, para orgullo de quien lo hace y para su responsabilidad propia.)

El toreo, pues, por arte, es sentimiento; pero el sentimiento, por sí mismo, no es nada. O incluso menos que nada: puede llegar a convertirse en demasiado. En simple efusión, en énfasis. El sentimiento, para ser algo, para ser su manifestación mejor, necesita estar dirigido por la inteligencia, que lo templa y lo enfría, que le quita las décimas de fiebre que requiere el caso para infundir su auténtica temperatura. Porque el sentimiento, en el arte, si no es sentimiento clarividente, no se deja sentir por el espectador, que disiente de los patetismos, que no quiere sentirlos como propios. Hasta para sentir –o precisamente para ello– hay que tener arte, hay que darse arte: un arte de sentir que todos puedan considerar suyo, hecho a la medida del sentimiento de cada cual.

El sentimiento, en el toreo, en el arte, ha de ser discernimiento, en la misma medida en que el discernimiento ha de manifestarse como sentido, como perteneciente a la emotividad y a la emoción del artista. Digamos que discierne más quien más ama un fenómeno, siempre y cuando lo ame más porque lo discierne por entero. Se trata de dos movimientos complementarios en una acción única.

De ahí que hablar, escribir, fabular, reflexionar sobre el toreo no sólo constituyan actividades que el toreo soporte, sino que son ejercicios que soportan el toreo mismo, que lo sostienen, que lo engrandecen, que lo convierten en sentimiento meditativo, en meditación sensitiva y sensual. El toreo no sólo es un rito que proviene del pasado mitológico, sino que se ha hecho presente por constituir en sí mismo una entera mitología, que, como todas las mitologías, se sustenta sobre la imaginación de los hombres, sobre su voluntad de sueño, sobre su afán de transformar la realidad en ficción. Allí donde haya un hombre, hay un relato sobre lo que los hombres hacen, sobre lo que querrían hacer.

La literatura representa una necesidad biológica del ser humano, que es una criatura lírica, y por eso no hay ni tribu, ni pueblo, ni civilización que no posean sus cuentos de nunca acabar, sus leyendas primigenias, sus parábolas fundacionales.

Yo comprendí que los toros eran literatura, fabulación, leyendo fábulas sobre los toros. En sus *Letters from Spain*, José María Blanco White relata la historia de un noble sevillano que amaba tanto las fiestas de toros que, después de quedarse ciego de manera repentina, siguió acudiendo siempre a su barrera de sombra en la Real Maestranza, acompañado de un amigo que le relataba lo que sucedía en el ruedo. Y cuenta Blanco White que aquel caballero aplaudía, protestaba, lloraba y se enfurecía como si estuviese viendo las faenas con sus propios ojos.

Lo cierto es que uno no puede sino sentir admiración literaria por aquel par de espectadores extravagantes. Qué grandes narradores los dos. El uno, el vidente, como transcriptor de la realidad, de su realidad narrativa, y el otro, el ciego, como traductor, como intérprete del relato ajeno, y, a la vez, como autor del suyo propio. Qué bien hay que contar, qué bien hay que contarse las cosas, no sólo para creer en lo que uno no ve, sino para ver lo que uno apenas puede sospechar que está ocurriendo. Creo que en esa anécdota se cifra una parábola sobre el carácter profundo de los toros: el hecho de que poseen, más que casi ninguna otra actividad, por su naturaleza efímera e irrepetible, una esencia literaria.

Los toros –como ese sevillano ciego del XIX necesitaba de la narración ajena, para realizar la suya propia– también necesitan ser contados, referidos, engrandecidos hasta la leyenda por los espectadores, que son, cada cual con su talento, intérpretes de lo que ven y propagadores futuros de lo que vieron. El toreo –digamos– es una actividad para los ojos en no menor medida que para las bocas, para la mirada que analiza tanto como para la voz que relata, que fabula.

Un buen espectador taurino creo que se parece mucho a un buen lector, pero al aire libre, preso en el círculo hechizado del ruedo. Un buen espectador es alguien que *lee* bien en lo que mira –eso es *ver*, en términos taurinos–, alguien que asiste desde su conciencia al fenómeno que ocurre ante sus ojos. La lidia es un texto en marcha, de carácter único, sin vuelta atrás, sin posibilidad de relectura, que el aficionado juzga mientras le sale al paso.

Como el texto literario –que debe ganarse página tras página a su lector, y al que no le sirven las pasadas glorias, los pasados textos–, el texto taurino cobra cuerpo cada tarde, y cada tarde debe hacerse respetar por el aficionado que mira en él para ver. Porque, aunque la memoria del aficionado vive de grandes jornadas, de faenas redondas, de lidias platónicas, el torero posee ante el espectador el crédito que se gana en el instante de plantarse ante el toro, lo mismo que el poeta tiene ante su lector, por más textos dignos de memoria que haya escrito, la reputación urgente del nuevo poema que está siendo leído (de ahí que en el silencio de nuestra casa, bajo la lámpara tutelar, y por más que nos sintamos partidarios de determinado autor, nos consideramos decepcionados en lo hondo, si una obra no responde a la buena opinión que teníamos del artista).

Luis Claramunt

El aficionado practica también una suerte de mirada mística, una mirada que recurre como ninguna otra a la fe suprema. Si el taurino se rige, en el instante de la faena, por la fe del carbonero –y necesita creer sólo en lo que ve que está ocurriendo–, también su memoria es obra de la fe del creyente fervoroso, porque está repleta de acontecimientos a los que nunca ha asistido. Un buen aficionado está religiosamente seguro de saber cómo lidiaban Cúchares y Pepe-Illo, Joselito y Belmonte, Rafael el Gallo y los demás de la leyenda. Aunque no los haya visto jamás. O mejor aún: en virtud de no haberlos visto jamás y conocerlos por el relato, por la epopeya. La fábula resulta una fuente científica para un buen aficionado, sobre todo por su carácter irrebatible. No hay nada más enternecedor que ver a dos taurinos enzarzados en una discusión acerca del toreo de los fantasmas. Porque sí: la mirada taurina participa de la sabiduría fantasmática.

Hubo un tiempo –hace ya casi treinta años– en que codirigí una revista. Se llamaba *Quites*, y pretendió ser una publicación de literatura, pintura y toros. No una revista de pintura y literatura con el pie forzado de los toros, con la excusa de lo taurino, sino una revista de tres cosas distintas y un solo interés verdadero: el arte.

Por aquel entonces, tenía la secreta intención de convertirme en escritor. O mejor dicho: en poeta (porque daba por sentado, con atrevimiento y convicción adolescentes, que los únicos escritores con mayúscula eran los poetas, mientras que los demás permanecían en las inmediaciones de la escritura, sin poder acceder jamás a su centro imantado). Y en mi imaginación, claro está, resonaban los nombres de algunos de mis poetas predilectos, grandes taurinos: Manuel Machado, Lorca, Alberti, Gerardo Diego, Bergamín, Brines. En definitiva, la tarea de editar aquella revista representaba, aunque fuese de forma simbólica, el sueño de sumarme también a una gloriosa tradición, una manera de estrechar quiméricos lazos de familia.

Creo que aquellos años –y no sólo por el hecho de ser los mitológicos años de mi juventud– poseen razones suficientes para ingresar en la mitología taurina. Recordemos que fueron los de las reapariciones de Manolo Vázquez y Antoñete, y que estaban en activo (por citar sólo a unos cuantos toreros de mi gusto) Rafael de Paula, Curro Romero, Joselito, Esplá, Emilio Muñoz, José María Manzanares, Ortega Cano, Paco Ojeda.

Para *Quites* escribieron y pintaron muchos artistas: la mayoría eran aficionados completos, y algunos otros simples espectadores ocasionales. Pero todos ellos comprendían a la perfección el vínculo ineludible que existe entre el arte y los toros.

Sin ese vínculo, el arte de los toros no sólo no sería lo que es en la actualidad, sino que sencillamente *no sería*. El primer individuo que tuvo la ocurrencia de plantarse delante de un toro, sin ninguna necesidad de incurrir en ese disparate, para desafiar al animal con su destreza, con sus engaños, con sus suertes de encantamiento, acometió un acto gratuito, caprichoso, como son caprichosos y gratuitos todos los actos de naturaleza artística. Desde entonces, el universo del arte no ha dejado de encontrar en la tauromaquia una fuente de emoción estética –la estética de la emoción–, que ha nutrido sus creaciones, sus reflexiones, su manera de entender no sólo su oficio y sus trabajos, sino también parte del modo en que sus trabajos y su oficio interpretan la realidad.

Los espectadores taurinos –sean o no conscientes de ello– son criaturas modeladas por siglos de miradas artísticas. Los espectadores taurinos, en virtud de una tradición opulenta, están obligados a ser no sólo espectadores, sino aficionados: buenos aficionados. Los buenos aficionados son quienes asisten a una plaza de toros para sumarse a la opulencia de su tradición, para disfrutar, con todo el acarreo de una cultura inmensurable, de la ceremonia que se lleva a cabo en la arena. Es decir, los buenos espectadores están obligados a ser intérpretes de la fiesta no sólo según los preceptos taurinos, sino también mediante lo que el arte ha hecho de la fiesta con el pretexto de la fiesta misma.

De ahí que sin memoria artística de lo que ha ocurrido en los ruedos, el arte de los toros no tendría más presente que el de su pura ejecución, y sin embargo las faenas prosiguen más allá de su materialidad, convertidas –insistimos– en ficción, gracias al arte, que les concede su eco y su leyenda.

Este volumen, *Sentimiento del toreo,* representa, en cierta medida, un manual de buenos espectadores taurinos, para buenos espectadores. Para aficionados: los que ya lo son y los que pronto lo serán. Un manual (como son los mejores manuales) sin reglas, pero sí con ejemplos, con muchos ejemplos: con muchos puntos de vista ejemplares sobre el arte de los toros.

Se trata, como ya he dicho, de una forma de pensar el universo taurino, mediante el sentimiento, y de sentirlo mediante el pensamiento. Todos los testimonios que aparecen en estas páginas son a la vez fruto del temblor y de la inteligencia, acciones reflexivas y al mismo tiempo emocionales, como no podría ser de otra manera al asomarse al mundo del toreo.

Este libro aspira a ser distintas obras –una muestra de alta especulación, una galería de retratos, un compendio de inquietudes y curiosidades de algunos toreros ilustres, un ejercicio de la memoria sentimental de distintos escritores, un repertorio de faenas reencarnadas en las palabras–, pero aspira, por encima de todo, a ser una obra en particular: la orgullosa celebración, en el mundo del arte, de un arte que constituye todo un mundo. El arte del toreo.

Valencia, marzo de 2010

La razón taurina

Ramón Gaya

Entendimiento del toreo
José Bergamín

> *En el toreo, todo es verdad y todo es mentira.*

El entendimiento del toreo es, naturalmente, consecuencia de una limpia y fina sensibilidad: porque el toreo es lo que hay que ver, cosa de ver, y de entender, por consiguiente: cosa, objeto de la percepción y el razonamiento. Sin sensibilidad o percepción sensible no hay entendimiento de ningún arte o juego; pero lo percibido, o, como dirían los místicos, lo sensado, si es condición de lo concebido, no determina su valoración: el criterio que acepte o rechace el toreo será una cuestión de sensibilidad, como suele decirse, cuando lo sea de inteligencia, de entendimiento racional; y el entendimiento de una cosa es ajeno o independiente de nuestra voluntaria adhesión o repugnancia a ella; el entendimiento no acepta ni rechaza nada, sino sencillamente, lo evidencia, lo verifica. El espectáculo de una corrida de toros no vale únicamente por la impresión sensible que nos causa, por muy sensible que pretenda ser esta impresión; mientras más puramente sensible (confusamente perceptible) sea, será menos inteligible, y más lejos estaremos, por tanto, más imposibilitados, de establecer ningún criterio moral o estético con que poderla valorar. Para saber lo que valga moralmente o estéticamente el toreo, tendremos, ante todo, que entenderlo. ¿Y cómo podremos entenderlo mientras repugne a nuestra sensibilidad, si nuestra sensibilidad se opone confusamente a ello? Los que, pretextando esa exquisita sensibilidad, se niegan a su entendimiento, podrán presumir de lo que quieran; de todo, menos de entendimiento; podrán presumir de instintiva, primaria, rudimentaria sensibilidad, refleja como la de un animal cualquiera; sin que estos reflejos psicopáticos indiquen necesariamente delicada sensibilidad: más de un insensible picador de toros, brutal, se ha desmayado a la vista de una gota de sangre. Una sensibilidad fina verdaderamente es una sensibilidad firme, segura, ejercitada, como la del operador en cirugía; o sea, de rapidísima concepción o racionalización; y solamente esta rapidez funcional en el proceso de lo sensado puede concebir el toreo; es decir, abstraer, conceptuar tan rápidamente por el pensamiento una experiencia sensorial. Esa verificación peligrosa de relaciones evidentes desarrolladas en el espacio y tiempo sensibles, con la precisa exactitud abstracta de un tiempo y espacio matemáticos. El poder conceptuar tan rápidamente lo sensible es propiedad de finísimas sensibilidades: las sensibilidades torpes, rudimentarias, carecen de esta facultad; por eso para ellas el espectáculo del toreo es sensacional y repulsivo; porque les es, sencillamente, inconcebible. El toreo es un juego vivo de inteligencia, tan exclusivamente inteligente, que el error más mínimo contra la exactitud en la ejecución de sus suertes le puede costar al lidiador la vida. *Pepe-Illo,* que lo inventó, verdaderamente, porque establecía sus principios, definiéndolos con geométrica distinción y claridad, aparece en la portada de la edición primera de su admirable me-

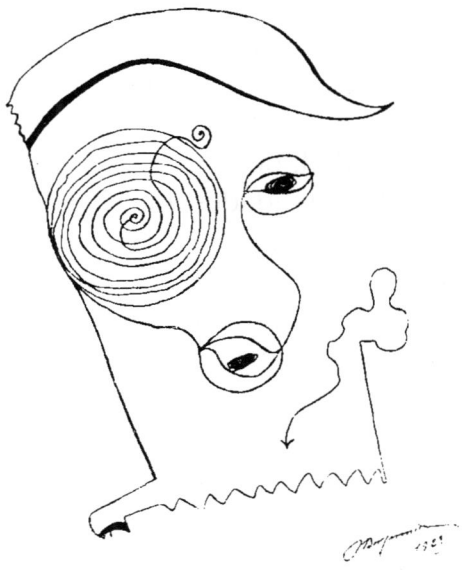

José Bergamín

tafísica del toreo o *Tauromaquia,* con la espada y la muleta en una mano, y en la otra un reloj. *Joselito,* que verificó admirablemente el arte birlibirloquesco de torear de *Pepe-Illo,* fue, seguramente, la inteligencia viva, natural, más extraordinariamente sensibilizada; por eso el toreo en sus manos parecía magia, prodigio, maravilla: inteligible juego de prestidigitación.

El toreo es un puro juego inteligible, en el que peligra la vida del jugador; este peligro desinteresado afirma, al entenderlo, que de su verificación estética se deduce, como de toda afirmación estética, una consecuencia moral, o inmoral: la del heroísmo; el heroísmo puro, sin utilidad; el toreo es un juego de heroísmo o un heroísmo de juego: heroísmo absoluto. En este sentido, podría suponerse que es un deporte trascendente, un deporte doblado de significado estético ideal; porque en el toreo se afirman, físicamente, todos los valores estéticos del cuerpo humano (figura, agilidad, destreza, gracia, etc.); y metafísicamente, todas las cualidades que pudiéramos llamar deportivas de la inteligencia (rápida concepción o abstracción sensible para relacionar). Es un doble ejercicio físico y metafísico de integración espiritual, en que se valora el significado de lo humano heroicamente o puramente: en cuerpo y alma, aparentemente inmortal. Esta es su belleza más pura: ser espectáculo visible de una invisible realidad; el traje del torero se enciende de luces inmortales para iluminar sobrenaturalmente lo más natural: la muerte y la vida, simplemente, heroicamente, verificadas como un puro juego imaginativo real. El entendimiento de esta realidad imaginativa, que se verifica vivamente, es como el de una configuración o construcción espiritual sin permanencia; cuando el tocador de guitarra verifica musicalmente una falseta improvisada, dice: «Ahí queda», como si dijese: «Que nadie la toque»; y así queda, efectivamente, vista y oída: entendida, sin que nadie, ni él mismo, la pueda volver a tocar. Ver para creer, para entender: sin tocar. El toreo queda, visto y entendido o creído: visible un momento, invisible una eternidad. La inteligencia del toreo es tan sensible, que dice: «Mírame y no me toques». El toreo sólo quiere ser entendido, puramente, exclusivamente, sin contactos de utilidad: enciende luminosamente la inteligencia humana para que se la vea jugar; que nadie le toque, que todos lo vean, y lo entiendan; nada menos, y nada más. Por esto las morales utilitarias lo rechazan: porque es inteligente exclusivo, hasta la crueldad; porque elude expresamente, expresivamente, toda consecuencia práctica de moralidad. Y es que hay también, conviene no olvidarlo, lo que el crítico del pragmatismo René Berthelot ha llamado un romanticismo de la utilidad; son estos románticos sentimentales de la utilidad los que no pueden ver el toreo; y como no lo pueden ver, no lo ven, y no lo entienden; ni tampoco lo pueden tragar, que es lo que quisieran: tragarlo después de haberlo masticado moralmente, porque es táctil, aprehensivo, su gusto o empeño voluntario de utilidad; por eso compadecen al toro, padecen con su pasión mortal y no con la inteligencia inmortal del torero que la burla; porque se identifican prácticamente, sentimentalmente, con el toro, que es el que siente o padece vivo; pero no entienden la inteligente burla y birla que es el *arte de birlibirloque* verdadero de torear. Todo el que no puede ver el toreo, no lo podrá entender jamás, por falta, no por sobra, de sensibilidad verdadera, de clarividencia; por romántico sentimiento práctico de lo útil. El

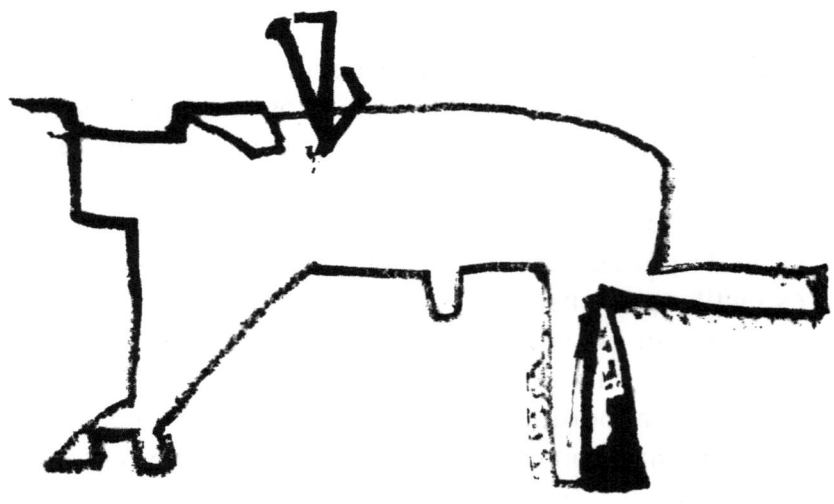

Véronique Bouissière

juego inteligente del toreo no puede andar entre los bobos, como dice un estribillo popular. Es juego imaginativamente racional, enigmático, verdadero, cruelmente perfecto; luminoso, alegre, inmortal. Solamente una trasmutación tan antigua de civilizaciones como la andaluza podía originar el toreo; sólo una sensibilidad secular tan honda y depurada podía extremar su pasión por la exactitud, por la inteligencia, hasta ese último afán clarividente, generándolo en un puro juego que asume, paradójico, la vida y la verdad: la vida verificada, sin temor, hasta la muerte. Partido en luz y sombra, rueda el círculo virtual del toreo una vuelta eterna, inmortalmente verdadera. Las incomprensiones y oposiciones que lo rechazan no son otra cosa, en definitiva, más que odio mortal a la inteligencia: acumulación impotente de rencores sentimentales en civilizaciones inferiores por primitivas aún y bárbaras. Es el rencor sentimental de intelectuales de improvisación, que son sentimentales disfrazados, sin sensibilidad todavía para su natural, y sobrenatural, espiritual, entendimiento.

[Texto perteneciente al volumen *El arte de birlibirloque* (primera edición: Madrid, Plutarco, 1930), de José Bergamín; publicado en la revista *Quites*, n.º 2 (1983).]

Pedro Serna

El arte del toreo:
Razonamiento de una mirada
Francisco Brines

Algunos nos congregamos en las plazas de toros ante la posibilidad de que allí se nos revele aquello por lo que sabemos que la Fiesta se justifica: la súbita presencia del arte. Y como el temple es el que lo fundamenta, habrá éste de requerir nuestra primera atención. Es común oír que el temple consiste en que el diestro acompase la velocidad de los engaños a la del toro, a tal distancia que el animal no llegue nunca a hacer presa en la tela y tan cercano a ella que, embebido, le impida ver al diestro. Y, efectivamente, esta definición es la que mejor se corresponde con la mayoritaria manera que tienen los toreros de ponerlo en práctica. Para ejecutar bien las suertes hay unas normas que, codificadas en una áurea proposición, son la piedra sustentadora del toreo. Ella nos dice que éste consiste en: *parar, templar y mandar.* Para mí esta trinidad taurina, al igual que la Santísima, es también reducible a una. Mas aquí sin que acompañen tan majestuosas tinieblas de misterio. El temple ya se inicia en la primera de las acciones, la de parar, y sólo desde su correcta ejecución podrá aquél mostrarse a nuestros ojos. En cuanto a la tercera proposición, mandar, sólo será posible en su plenitud, si se trata de una faena artística, cuando la fundamente el temple. (Hay, sin embargo, ciertas faenas llamadas de dominio, que sólo pueden ser realizadas desde la estricta profesionalidad del torero, por alguien que verdaderamente *sabe torear,* en las que el temple no es tan necesario. Yo he asistido a muy brillantes faenas de aliño en las que no se precisaba el esplendor de su presencia. Son lidias éstas en las que la emoción recibida, siendo intensamente torera, no es de esencia artística.)

Pienso, no obstante, que en la anterior definición que se ha dado del temple el primer momento, la acción de parar, puede estar disminuido, o incluso ser inexistente, puesto que puede no ser necesario frenar, atemperar, la embestida del toro, y sí sólo aprovechar su natural velocidad. Tampoco será preciso que aparezca subrayada la tercera de las condiciones: la de mandar. Ésta podría quedar reducida, y no es poco (aunque no lo es todo), al poderío del brazo y la habilidad de la muñeca del diestro para que el pase se lleve a cabo más largamente y, por lo tanto, obligar a un determinado recorrido a su oponente, quien de esta manera es mandado a obedecer. En esta modalidad de la realización de las suertes, con predominio de una trayectoria más rectilínea que circular, puede darse un toreo de gusto, e incluso estético, pero rarísima vez profundo. Nunca es ahí en donde se nos revela el gran arte.

Cabe definir también el temple, y ello representaría casi un salto cualitativo, considerando los términos señalados en su inversión. Se trataría con él de *acompasar la velocidad del toro según la voluntad del diestro,* que así retardaría o aligeraría el paso del toro, según lo estimara más conveniente, por los terrenos de los que es entonces potencialmente dueño y señor: aquellos por los que el brazo puede desplazar al animal en derredor de un eje, el de los pies inamovibles del diestro. Algunos aficionados desestiman esto como posible y, sin embargo, es algo que ocurre lo suficientemente como para que, sólo por ello, continuemos asistiendo a las corridas. El cumplimiento del temple así definido es evidente que conlleva la colmada realización de los otros dos miembros de la proposición. Es entonces cuando percibimos que los tres dioses son un mismo dios, pues no hay disminución del Ser en ninguno de ellos. En una serie de pases, considerada como un conjunto unitario, el primer momento (parar) sólo se da en el que inicia la serie, pues en los que le siguen la acción de «parar» habrá de ser sustituida por la de «ligar», que no sin cierta posible semejanza, alcanza otros matices.

Para refrenar la natural velocidad del toro, sin por ello anular su movimiento, el diestro habrá de dificultar su carrera, forzándole a que la realice de un modo incómodo, no natural. Es por ello por lo que le obliga con el engaño a que, sin llegar a derrotar, que es lo que su instinto le dicta, efectúe la embestida con la testa humillada, con los ojos perdidos (ciegos) por causa de tanta y tan cercana realidad (los engaños hurtados), y es así como modera aquella su natural velocidad apresurada. Este quebrantamiento, más de su instinto que físico, junto al movimiento del brazo en el recorrido y el importantísimo juego de muñeca en el remate de los pases, son los que originan temple y mando en cualquier faena, y es causa única de que podamos hallarlos en las mayoritarias que se hacen de perfil y que pueden llegar a parecernos gustosas.

El temple y el mando, sin embargo, pueden todavía alcanzar mayor evidencia, ser aún más visibles, si el torero es capaz de un dominio refrenador mayor. Sin anular en ningún instante el movimiento (el torero no debe consentir que el toro se pare nunca, pues el temple entonces consistirá en avivar su embestida) intentará que sea máxima la duración de la suerte. Para ello habrá de violentar aún más la natural andadura del toro, para lo cual se sirve de una distinta posición de su propio cuerpo. Adelantará, además de la muleta, la pierna contraria, creando inmediatamente el nuevo eje (el formado por el compás de las piernas abierto en profundidad) la posibilidad de un recorrido circular mucho mayor, más largo por tanto. Se servirá también, y ahora aún más hacedera y sostenida que en el caso anterior, de la humillación de la cabeza del animal. El juego de los brazos hará entonces factibles unos lances o pases (según se trate de la capa o de la muleta) en los que el mando puede ser máximo. El obstáculo que esa pierna adelantada le presenta ahora al toro es de tal naturaleza que obligará a que la natural dirección de su recorrido se modifique imprevistamente, y a la vez queda quebrantada la estructura física del toro, el cual, al tener que alargar el viaje, por la mayor amplitud del círculo logrado, y hacerlo en posición tan molesta, vendrá obligado a efectuar con mayor lentitud aún el recorrido. Éste es el temple en toda su grandeza. Es tan fatigoso para el animal embestir repetidamente de este modo, que una faena de estas características no podrá, afortunadamente, prolongarse demasiado. Pronto ha de quedar el toro en natural sazón para que el diestro pueda ejecutar la suerte suprema: la de la muerte. Torear de esta manera es lo que se llama hacerlo «cargando la suerte». Para el maestro Domingo Ortega tan importante es esta acción de cargar la suerte que la clásica proposición de los tres miembros se convierte para él en la de *parar, templar, cargar y mandar.* Estimo que se puede templar, como he dicho, sin cargar la suerte, pero creo que sólo si van unidos, si el temple se hace cargando, es posible el toreo profundo.

Esta posición en diagonal de las piernas del torero, en todo momento firmes y paradas en la arena, y aquella dificultad que ha de padecer en una larga trayectoria circular un cuerpo tan macizo y grande como el del toro, forzado por ello a efectuarla con una visible mayor lentitud, son las razones que fundamentan la mayor belleza y majestad del movimiento acordado del torso humano, el cual, al moverse al unísono –pero en plano vertical de superioridad– con el toro, produce el efecto máximo de plasticidad y de armonía.

Recuerdo haberle escuchado una noche a Vicente Escudero, en los camerinos de un teatro madrileño, que el bailaor, para crear su arte, debía dejar inmóviles las piernas, y sólo permitir el movimiento del cuerpo a partir de la cintura. La expresividad del baile, para él, estaba en los brazos y en las manos. Referido al flamenco ésta era su verdad, y así era el genio de su emocionante baile, pero creo que, después de ver a otros bailaores, esta norma artística es sólo incontestable verdad en el arte del toreo. Pies parados, y el pecho y la cabeza volteándose con ritmo lento, muy lento, a la vez que los brazos mandan al toro por dónde, y de qué modo, y a qué ritmo, debe obedecer.

Y ya nos encontramos aquí hablando de la gestación del arte del toreo. Porque todo este quizá largo razonamiento, que desearía que no hubiese resultado demasiado enfadoso, está hecho en función de lo que de verdad más me importa: el cómo y el porqué de que en el toreo se produzca, y por ello se nos comunique, la gran emoción artística. Es evidente que esta emoción es de índole esencialmente plástica, pero a diferencia de la pintura o de la escultura, detenidas para la contemplación, recuperables siempre en su permanencia, y susceptibles por ello de profundización, la del toreo es una plástica que transcurre, que la vemos hacerse y deshacerse ante nuestros ojos, que está teñida, pues, de la emoción que nos produce su también esencial temporalidad. Se crea, sí, pero a la vez que se borra; esa huida irreparable de la belleza conseguida es la que intensifica nuestra emoción. El que en el componente de un determinado placer también seamos sabedores de su inmediata pérdida es lo que acrece en nosotros su necesidad y, en consecuencia, que aumente su valor.

También con ese doble componente esencial de la plasticidad y de la temporalidad conjuntas, existe un arte: el del ballet; el que más se aproxima por ello al del toreo, pero con una diferencia tan sustancial que hace que la calidad y el logro artísticos de este último sea de naturaleza más rara y lujosa. Si somos sensibles a ambas artes quizá lleguemos fácilmente a la conclusión de que en el toreo su grandeza (su intensidad) puede alcanzar más altos niveles, pero también es cierto que su miseria (su fracaso) es muchísimo más abundante. Los paréntesis están señalando al lector que me estoy refiriendo a grandezas y miserias estéticas, no éticas. El ballet, que tanto puede sorprender la mirada del espectador, *revive* algo que en esos momentos había sido ya creado, no importa que el proceso, hasta llegar ahí, fuese arduo e incluso azaroso, mas a partir de un determinado momento ya no será inesperado, aunque su realización pueda sufrir altibajos de inspiración y técnica. En el toreo, por el contrario, el resultado siempre es imprevisto, pues las posiciones del cuerpo y los movimientos del ejecutante se hacen en función del acoplamiento con un *partenaire* que no ha ensayado aquella danza, que la desconoce absolutamente, y que actúa no desde la razón artística, sino desde su natural instinto de agresión, que aparece con fiereza al sentirse acosado. Este *pas de deux,* que debe llegar a los ojos del espectador con continuada y conseguida armonía, tiene como único argumento propuesto el de la Muerte: la muerte del animal, cuando así lo decida el torero, pero sabemos que pueden sobrevenir muchas incomodidades, e incluso la fatalidad de la cogida, a veces mortal, de éste, en un momento que nadie, esta vez, habría decidido de antemano. Cuando vemos al bailarín, en un escenario, enfrentado con el enigma de la Muerte, sabemos que ella es sólo un personaje de ficción; el torero habrá de conseguir siempre su resultado artístico con esa emocionante presencia que, aunque invisible, aquí es siempre *real.*

Lograr una intensa belleza plástica en un arte que es siempre imprevisto en su desarrollo, tanto para el espectador como para su creador, con el añadido conocimiento del posible sacrificio de la propia vida, es causa suficiente de su dificultad (de ahí su rareza) y de su grandeza (su extrema intensidad).

Mas volvamos a nuestro propósito: cómo y por qué se produce en el toreo la gran emoción artística. Hemos dicho que es ésta de naturaleza plástica y temporal. O lo que es lo mismo: con ella hemos asistido a la aparición misteriosa de la belleza *creada* en su materialidad, y a la que aún percibimos mayor porque la vemos condenada a su inmediata extinción. Nos ha golpeado emocionadamente y se nos ha hurtado de inmediato; nostálgicos de su imposible permanencia, ansiamos lo único quizá posible: su máxima duración, su *aún no*. Desearíamos gozar el placentero instante en el simulacro de su eternidad: un engaño. Mas recordemos que el arte sólo es posible por su capacidad de engaño; todo arte es ficción. Anhelamos el éxtasis; es decir, la inmersión en lo detenido, lo eterno. O lo que es lo mismo, experimentar la heroica hazaña que consiste en violentar el sino de nuestra naturaleza temporal; destruir el tiempo que nos destruye. Precisemos aún más: no su aniquilación, sino su detención, puesto que el anhelo no es dejar de ser, sino dilatar, sin que parezca que transcurra, el punto intenso de aquel goce deparado. Este engañoso, y a la vez real, ensanchamiento de la emoción, esta prolongada intensidad de la belleza, es la que deberá ofrendarnos el torero si es que quiere justificar su vocación con el señalado destino del artista. Son tan *raras* estas experiencias que sólo hallo una razón para que el desaliento no venza al aficionado de esta guisa: el ya perdido, pero nunca agotado sabor de una de esas revelaciones.

Está enunciada, pues, la causa de que el toreo sea capaz de lograr en su realización el gran arte. Se nos comunica, por medio de la revelación de una belleza plástica, imprevista y finita, una alta emoción que, por su intensidad, produce la *ilusión* de la paradójica detención (por lo durable) del inexorable tiempo. Este fausto suceso sólo podrá dársenos a través de una tal ejecución de las suertes que hagan posible la manifestación de esa belleza suprema, llegada a nosotros con una plenitud conformada de naturalidad, suavidad y profundidad. Componentes todos necesarios para que se produzca en nosotros la *ilusión* de esa buscada detención de la belleza en el tiempo. Pues bien, sólo *el temple* hará posible tal señalado logro, y cuanto mayor sea aquél más profunda (más intensa) será la emoción buscada. Lo que nos dijera T.S. Eliot, en el primero de sus cuartetos, referido a la música y a las palabras (la poesía) de que «sólo por la forma, la norma / pueden... lograr / la quietud» podemos trasladarlo (y aquí no en un sentido metafísico) al toreo: sólo desde la norma, desde la mágica y exacta aparición de la forma, podrá lograrse la anhelada ficción de la quietud. Sólo desde la engañosa paralización del tiempo, imaginamos alcanzar el simulacro de lo eterno. Robémosle de nuevo las palabras al poeta; y que ellas nos definan el misterio sensible del toreo, y centrémoslo ahí, en la «lenta rotación que sugiere permanencia».

Esto dicho, se me podrá argüir que hay toreros que no cargan la suerte en su ejecución y que, a pesar de ello, logran resultados estéticos de mayor enjundia que otros que sí lo hacen. Y es cierto. Porque no es suficiente ejecutar el toreo según demandan los cánones más exigentes para que se produzca el gran arte; y aquí entramos en ese componente de misterio que habita en toda creación. En última instancia, el arte tan sólo puede llevarlo a su fin el torero que posee *personalidad* creadora. Una cosa es torear bien, incluso muy bien (se produce una muy distinta clase de emoción, de la que participa en alto grado la inteligencia), y otra torear comunicando la emoción que es sólo propia del arte. Convengamos en que hay diestros que toreando con mayor superficialidad pueden comunicar un logro estético superior al de otros que lo hacen con mayor exigencia. Pero esta constatación no destruye, a mi entender, los argumentos aportados aquí en defensa del temple; mejor dicho, del *gran* temple. Si el torero goza de esa *personalidad* artística tan necesaria, si está señalado con tan divina gracia, si en su espíritu bulle la rara posibilidad de tan difícil logro, *sólo* podrá obtenerlo si atiende, en la ejecución de su obra, a las condiciones señaladas. Hay grados en los resultados artísticos; pero solamente es posible el gran arte cuando la máxima profundidad buscada (y hallada, por ello) logra que el mero goce de la estética se transmute juanramonianamente en goce de la Belleza, que es deidad. Sólo entonces asistiremos turbados a la revelación del transparente misterio.

Mas no hemos tocado el fondo todo del asunto. Si el gran poema sólo alcanza su plena realización, pues ese es su destino, al ser atendido por la mirada y el entendimiento del lector señalado, así ocurrirá en el arte del toreo. Éste, como sucede en la poesía, se lleva a cabo para comunicar a unos testigos una desconocida y profunda emoción. Pero ésta sólo llegará a ser aquello que pueda hacer posible el grado de sensibilidad y conocimiento del que la recibe. De ahí la extraordinaria importancia de quienes habrán de testimoniar. Ya hemos dicho que dos toreros pueden ejecutar, con idéntica técnica impecable, un mismo conjunto de pases y, sin embargo, tan sólo uno de ellos arrebatarnos con su intensidad. No hay análisis que pueda hacer inteligible el porqué de estos resultados, la razón de tanta injusticia. Y si no se puede explicar la aparición de esta alta emoción, ¿quiénes y cómo podrán alcanzarla con su mirada?, ¿y cómo distinguirla de su simulacro?

Solamente desde una afinada sensibilidad se puede llegar a distinguir aquello que no se puede razonar, y hacerlo, además, desde la evidencia. Esto exige unas determinadas condiciones de índole artística en el espectador, que no tienen por qué ser creadoras, sino receptivas. Esta sensibilidad que en algunos aflora con naturalidad y fuerza, poseídos de ella de modo innato, en otros, los más, puede ir adquiriéndose con el tiempo. Al buen aficionado lo va haciendo su mirada, y si su formación es lenta no por ello habrá de ser menos gustosa. Es más fácil alcanzar el grado óptimo de entendimiento si habitualmente se asiste a estas celebraciones en plazas de gran solera, las muy escasas en las que el núcleo de buenos aficionados, aunque siempre minoritario, es suficiente aún para imponer un tono de justa comprensión sobre lo que sucede en el ruedo.*

Y, sin embargo, es cierto que, cuando aparece el gran arte, llega éste, aunque no en el mismo grado, a todo el mundo; es tanta su presencia que arrasa cuanta ignorancia y tosquedad de gusto estén satisfechamente aposen-

---

* El daño que actualmente hace al toreo la televisión es realmente destructor. Con tan penosas retransmisiones es posible que aumente el número de espectadores (la naturaleza del medio es publicitaria), mas no el de aficionados. Lo señalo por la continuada presencia de las cámaras en plazas de escasísima o nula categoría, en las que el público evidencia su enraizada ignorancia y detestable gusto, y la omnipresencia de unos comentaristas que más parecen charlatanes turiferarios. Ocultan la evidencia de lo que no se debe hacer, exaltan como oro puro la calderilla de la mediocridad y halagan las manifestaciones de un público equivocado. La televisión, tal como nos llega hoy, es una perfecta escuela de destrucción del conocimiento y del gusto.

tadas en las gradas. Esta será la oportunidad largamente esperada por los aficionados neófitos, pues a partir de esta experiencia la memoria dejará sellada la diferencia entre lo bueno y lo excelso. Y desde este momento sabrá calibrar ya los entusiasmos. El mero espectador, el que gravita con tanta abundancia, olvidará distinciones inmediatamente; tal vez no en las faenas que se sigan aquella misma tarde, aunque no es ésta suposición segura, pero sí a no tardar.

Nada hay tan peligroso para la buena marcha del toreo que el matrimonio de este vociferante público con uno de esos matadores que, incapaces de la verdadera creación, se aprestan a falsificarla. Si en una plaza ese aluvión de público fácil no es contrarrestado por la presencia exigente y respetada de una suficiente minoría de aficionados, de inmediato la Fiesta se conduce por unos derroteros peligrosos, y aun falsos. La ignorancia de los espectadores será prestamente complacida por el torero, puesto que no sólo coincidirán ambos en idénticos deseos de facilidad y comodidad, sino por lo que al supuesto torero le habrá de suponer de éxito visible y, con ello, de poder y de beneficios. Suele ocurrir, además, que la mayoría de éstos no saben torear de otra manera. A veces tales dictaduras se expanden en el tiempo como interminable pesadilla, y los más claros perdedores suelen ser los toreros de calidad (que carecen de mayores oportunidades e incluso se les destierra de algunos ruedos, además de estar supeditados al poder, no siempre honesto, del intruso) y los buenos aficionados, a los que se les enrarece la posibilidad de presenciar el buen toreo, el cual, por su intrínseca dificultad, es ya de por sí inusual.

Un desgraciado agravante para el aficionado viene

dado por el carácter ceremonial y colectivo que conforma el toreo. A diferencia del comulgante de la poesía, o de las artes plásticas, aquí dispone el rito que el entusiasmo (aun el que no se exterioriza) tenga lugar en comunidad, y la plenitud lograda lo será más si la sentimos compartida. En el toreo la revelación apolínea del arte, ocurrida en el ruedo y solitariamente allí creada por el torero, se transforma en las gradas, en su recepción, en una manifestación de frenesí dionisíaco, que viene dada por su condición de ceremonia colectiva. De ahí que la automarginación del aficionado cuando se produce ese entusiasmo general tenga un componente de amargura. No lo puede compartir, pero tampoco puede quedarse indiferente, puesto que todo goce en arte implica una valoración de orden espiritual, y una subversión de valores en tal terreno exige de nosotros el inmediato rechazo. Una vez más, en arte, ética y estética confunden su naturaleza. La continuada costumbre en el aficionado de sufrir esta disociación con la mayoría hace que su repulsa no se exteriorice normalmente sino con el silencio. El funeral se celebra a puertas cerradas.

Hay otro entusiasmo distinto al causado por la faena falsamente artística, y que es asentible, aunque con las reservas pertinentes: el originado en el público ante el riesgo asumido por el diestro en la lidia. No es menos vituperable éste que el anterior cuando tal riesgo está amañado con profusión de trucos y simulaciones. Suele ser, paradójicamente, el que más celebra el público, y esa ceguera lo hace abominable. Sucede que, generalmente, esta clase de toreros aúnan ambas falsedades: la del arte y la del valor.

La emoción del riesgo es enteramente lícita, y un componente importantísimo en el toreo, puesto que el peligro de la lidia es una realidad que no puede ni debe soslayarse. El día que éste disminuya sustancialmente nos encontraremos en el principio del fin de este sin par espectáculo. No es el toro menos principal protagonista que el torero, y serán las modalidades y condiciones que aquél desarrolle en el ruedo las que marcarán el rumbo posible de la faena. Aunque será el torero quien, desde su clarividencia y sus cualidades, hará factible la acertada elección de la lidia, con sus pertinentes resultados.

Se dan en el toreo muy variadas clases de emociones, a veces barajadas entre sí, y a las que cada espectador es sensible en grados distintos. El torero más completo sería aquel que pudiera comunicarlas todas, en el exacto nivel que la faena demandara. Pueden reducirse, a mi modo de ver, a tres principalísimas. Son éstas las que se suscitan desde el ruedo con la aparición reveladora del *arte,* el claro magisterio del *conocimiento* y la presencia gallarda del *arrojo,* las cuales he enumerado en la gradación valorativa para mí preferente. Con ellas se corresponden tres conocidos cortes de toreros: el artista, el lidiador y el valiente. Es moneda de uso la del artista que no hace alardes nunca de valentía, y aún que no anda sobrado de ella, situación ésta enteramente válida. Su destino no se cumple nunca usurpando el oficio del gladiador, pero sí sabe que, como artista, se tendrá que exigir a sí mismo el riesgo, y habrá entonces de asumirlo enteramente, cuando aparezca el toro que posibilite la consecución de su arte. El valor, tanto en el torero artista como en el lidiador, es necesario tan sólo en la proporción que haga posible que las faenas se cumplan sin disminución. Sus alardes son de otra naturaleza. Alguna vez aparece el torero que, siendo un gran artista, anda también colmado de conocimiento y atesora la capacidad de riesgo requerida. A mi modo de ver, quien mejor reunió estos dones, en lo que como espectador yo he podido alcanzar, fue Antonio Ordóñez.

Hay una razón, para mí certera, por la que el artista, al realizar *su* faena, no puede excederse en el valor. Aquella detención de la belleza en el tiempo, en la que consiste el instante supremo del arte del toreo según lo hemos entendido aquí, implica una fluencia emotiva intensa, pero placentera, hecha de suavidad y de natural armonía. Estamos en la fluencia del sueño, y ésta sólo puede darse desde el absoluto dominio del toro por el torero, en el que no parece haber otro merecimiento que la gracia. No debemos percibir en ningún momento que aquello es una lucha. La desviación de una emoción de rango superior, como es la artística, a la que nos depararía la visión del riesgo o el peligro implicaría una mutación de la índole emotiva y una repentina desvalorización de su calidad. El drama expulsa el éxtasis.

Y, sin embargo, sabemos que en la faena artística existe el riesgo, pero el encantamiento nos lo aleja mágicamente de nuestra conciencia. Y aquí se nos aparece la importancia del comportamiento y aun de la misma presencia del toro. Pues es éste, y no ya por su fiereza o peligrosidad (pues está ahora sometido), quien puede romper el hechizo, y hacerlo de tal modo que lleguemos a rehusar el arte que allí se nos encarece. Hemos dicho que la calidad de la emoción no puede ser suplantada por otra de inferior categoría, que la emoción artística no admite su desvirtuación. Pues bien, la mera presencia física del toro puede arrastrar nuestra sensibilidad a emociones aún más incompatibles con la artística que la señalada antes. En la consecución del arte, repitámoslo de nuevo, el peligro se nos escamotea a la mirada y lo mantenemos olvidado, pero seguimos *sabiendo* que está allí. Si algo o alguien hiciera que esta aparente *ausencia de riesgo* se nos mostrara plásticamente visible como una evidencia, ante una realidad tan contraria a la razón de ser que fundamenta el toreo (el jubiloso vencimiento de una fuerza hostil y peligrosa), nuestro rechazo brotaría espontáneo ante lo que, a partir de ese momento, tan sólo alcanzaría a nuestros ojos significado de parodia.

De ahí que cuando contemplamos las fuerzas del animal disminuidas en exceso, cuando percibimos que todo su soberbio instinto está puesto al servicio de la exigua hazaña de poder mantenerse en pie, o cuando vemos humillada en él la gallardía de su especie, sólo es posible sentir el justo desvío ante aquellos falsificadores de la emoción. Ni puede haber arte, ni dominio, ni valor en tales situaciones; y posibles tan sólo dos hermanados sentimientos: el de la vergüenza ante una representación tan bárbara, jactanciosa y mezquina, y el noble sentimiento de la piedad que en nosotros despierta cualquier ser inválido. Y cuando el sentimiento de la piedad aparece ya no es posible la presencia de ningún sentimiento estético. Nuestra nueva ética no estará ya fundida en la estética, como huéspedes de una misma naturaleza, sino disociada y enemiga.

El delicado equilibrio del ser del toreo, eso que tantos juzgan como lujosa perversidad estética, esa jubilosa vitalidad que para otros muchos justifica el sacrificio del inocente (de la misma manera que en el hombre queda justificada la irreparable muerte por el júbilo enunciativo de la vida), dicta altas y difíciles exigencias en los tres protagonistas de la Fiesta: el torero, el toro y el testigo. Arte, dominio y valor en el primero; en el segundo, la íntegra fortaleza en su impulso inocente; en el espectador, sensibilidad y conocimiento en la mirada, y lo que quizá resulte más paradójico para los enemigos de estas celebraciones: una extrema vigilancia moral. Y éste es el delicado equilibrio que exige el toreo para poder continuar siendo.

[Publicado en *Quites*, n.º 5 (1986).]

Manuel Antonio Benítez Reyes

Fugacidades
Felipe Benítez Reyes

No sólo es una industria fugaz, sino también veloz: todo ocurre en un abrir y cerrar de ojos. Todo es un visto y no visto. En el toreo, un segundo es una eternidad y una eternidad puede durar lo mismo que un relámpago. La perfección y el caos dependen allí de un instante, al igual que la vida y que la muerte.

Un gran reloj preside la plaza, con su exacto tictac de incertidumbre.

Decía el torero sevillano Pepe Luis Vázquez: «Torear es muy difícil, porque viene a ser como levantar un edificio sobre arenas movedizas». Sí, esa metáfora: edificios oscilantes, alzados en un momento y al instante siguiente derruidos, desplomados ante nuestros ojos... pero alzados de nuevo, de manera indeleble, en la memoria, donde perviven como fantasmagorías gloriosas que tienden a magnificarse, a convertirse en milagros únicos, en figuraciones portentosas de lo increíble, porque la memoria de todo aficionado no sólo es proclive a la hipérbole, sino también al perfeccionamiento de lo que pudo no ser del todo perfecto. Todo espectador taurino se miente, en fin, a sí mismo: necesita leyendas que contar, necesita convertir en fantasía impecable los acontecimientos defectuosos. El recuerdo del aficionado implica, en suma, una corrección.

No olvidemos que el toreo tiene mucho de disciplina verbal: lo que sucede en un ruedo puede ascender a leyenda por la vía de la exégesis, porque el relato de una fugacidad, de un visto y no visto, tiene que apoyarse en las palabras para perdurar en la memoria, en el ánimo: contar algo permite la resurrección de ese algo, y el aficionado taurino vive en gran medida de resurrecciones. Lo que cuenta, lo que le cuentan. Lo que alcanza a ver –desde la sublimación– después de lo que ha visto.

En 1987, en Las Ventas, Rafael de Paula le hizo una faena a un toro de Martínez Benavides que no tardó en ascender al rango de mítica. «Se me presentó el Espíritu Santo», declaró el torero, supongo que por decir algo. Pasaron luego la película de aquella faena en Jerez de la Frontera y un paulista cabal le dijo al Paula: «Lo del Espíritu Santo contigo tampoco fue una cosa del otro mundo, Rafael», y cuentan que el torero le contestó: «Es que el Espíritu Santo no sale en el vídeo».

Llega uno a la plaza y se convierte en espía de una realidad anómala en la que todo es magnífico y raro y atroz: un mundo circular en el que se juega lujosamente a matar o a morir. Una pantomima absurda y reglamentada con minuciosidad en la que el hombre y el animal forman un solo ser: una bestia fabulosa surgida, como quien dice, de la entraña del terror, en lucha consigo misma. Llega uno a la plaza y observa las incidencias de esa representación terrible y un punto grotesca. Y apresa con codicia esos segundos que parecen eternidades, esas eternidades que apenas duran nada, porque todo allí es vértigo, una urgencia de seres aterrados, un espejismo dorado y un espejismo de sangre verdadera. Un edificio levantado, en fin, sobre arenas movedizas.

[Publicado en *El País*, el 15 de mayo de 2008.]

G. Peyró Roggen

Del ritual del miedo
José Manuel Caballero Bonald

Debo confesar que yo no soy ni mucho menos un experto en temas taurinos. Ni siquiera creo que sea un espectador suficientemente imparcial y con una mínima dosis de constancia. Es decir, que mantengo una relación de lo más irregular con el suntuoso y enigmático mundo de los toros. Incluso a veces he tenido mis dudas sobre la correcta calificación del fenómeno dentro de mi particular repertorio de valores artísticos. Claro que esos juicios son siempre muy discutibles y dependen en no escasa medida de la educación estética –y hasta de la educación sentimental– de cada uno. Pero hay algo que siempre me ha producido la misma apasionada impresión, absolutamente fascinante, a la hora de interpretar por mi cuenta el arte de torear. Me refiero, sobre todo, a un enfoque de la cuestión que enlaza culturalmente con el ritual del miedo.

En el toreo se han contabilizado desde siempre muchas clases de miedo y nadie, a no ser un insensato o un simulador, ha hecho otra cosa que intentar la superación de ese miedo a través de su propia capacidad imaginativa o incluso estimulado por los incentivos de un público expectante. Entre el miedo de un artista auténtico y el miedo de un aprendiz profesional, queda toda una escala de matizaciones. Y de posibilidades creadoras. A mí me parece que hasta los toreros comúnmente llamados valientes lo son, en teoría, a partir de ese consabido intento de dominar una situación fundamentalmente definida por el modo de enfrentarse al peligro. Cuando no se produce ese esfuerzo íntimo, o no se transmite al espectador esa previa sensación de lucha contra el miedo, sólo se percibe la trampa: la noción de una intrepidez insensible y arbitraria, despojada de emociones. El valor, por sí mismo, posee la misma relación con el toreo que la fría gimnasia con la pasión del baile. Un torero sin miedo, al que no se le note que está superándolo a cada paso, vulnera el sentido ritual de la lidia: sustituye indecorosamente un arte por un oficio.

Cada torero tiene, qué duda cabe, sus propios códigos supersticiosos y, correlativamente, sus propios amuletos. La superstición es aquí como un atavismo añadido a la atávica personalidad artística del torero. Se sabe de sobra hasta qué punto un hecho aparentemente anodino ha podido interrumpir, cuando no invalidar, el desarrollo de una suerte con trazas de memorable o influir desdichadamente en la natural predisposición del lidiador. Hace poco leí no sé dónde la explicación que daba Paco Ojeda a su repentino y aparente retraimiento en mitad de una faena impecable. Decía el sanluqueño que, de pronto, mientras se iba ciñendo al toro en una tanda de naturales, empezó a oler a enfermería. Así de simple, o sea, así de misterioso. Y ya todo se desequilibró: en algún sitio había resonado ese sensitivo aldabón del miedo supersticioso, del miedo que viene de una antiquísima «cultura de la sangre». Que un torero tan impávido y tan

G. Peyró Roggen

hecho a la solemnidad pundonorosa hable así, ya es un expresivo síntoma. Todos conocemos casos de una sutileza impresionante en este sentido. Pero sólo he citado un ejemplo entre otros muchos posibles. Sin ir más lejos, Rafael de Paula y Curro Romero –que han protagonizado algunas de mis más emocionantes experiencias taurinas– podrían reunir arquetípicamente un repertorio personal de miedos y supersticiones que, aparte de definir el rango de una sensibilidad humana y artística, se corresponden a la perfección con ese secular entendimiento del toreo como un rito. Y como en todo rito donde la muerte juega un papel primordial, el miedo debe cumplir también una función íntimamente asociada a tan sangrienta belleza.

Por supuesto que en toda esa compleja ceremonia del miedo hay que hacer algunas razonables distinciones. Decía Luis Procuna –y recordaba Bergamín– que, en principio, habría que hablar del miedo al toro, del miedo al público y del miedo a sí mismo. Tres miedos no siempre coincidentes y que pueden responder a otras tantas graduaciones de la intuición en el trance de burlar estéticamente el peligro. Pero yo añadiría otra sensible variante del miedo: la de la soledad, esa angustiosa impresión de estar solo que experimenta el torero desde la noche anterior de la corrida, que lo acompaña como un lastre mientras se viste en el hotel, que se le estaciona en el corazón cuando llega a la plaza y se asoma al vacío escenario del ruedo. Es la soledad irremediable del que no está seguro de ser el superviviente frente a un enemigo. Es el miedo a tener miedo, el peor de todos, el que no tiene absolutamente nada que ver con la cobardía. Yo creo que ese es realmente el primer legendario foco de atracciones de un juego dramático cuyo desenlace se desconoce.

Todo lo demás –el temor a que el toro no embista o embista de mala manera; el temor al público que vocifera groseramente en demanda de lo imposible; el temor a la propia incertidumbre frente al fantasma de la frustración– son episodios violentamente integrados en el engranaje humano y artístico del toreo. De un engranaje que se inicia en las nocturnas lindes de las dehesas, prosigue en las sendas iniciáticas para engañar al bravo enemigo y acaba presumiblemente con el arrastre del último toro. Pero el círculo no se ha cerrado. En el ritual de la sangre derramada, el miedo continúa teniendo su más perseverante representación. La temeridad, la valentonada irresponsable, el tosco alarde gratuito, no son sino infracciones de esa vieja, alegórica y apasionante normativa cultural en que consiste el arte del toreo.

[Publicado en *Quites*, n.º 2 (1983).]

Manuel Antonio Benítez Reyes

La quietud en el toreo
Carlos Marzal

No creo que existan muchas actividades, entre las consideradas artísticas por sus partidarios, que hayan generado a su alrededor la cantidad de buen arte que ha inspirado el toreo, el arte de torear. Arte, como se sabe, no sólo en la acepción que indica el conjunto de preceptos para llevar a cabo con decoro una actividad determinada –las reglas, los consejos de la tradición, las mañas de los iniciados–, sino arte en el sentido de disciplina humana ligada a la emoción estética.

Porque ese asunto de difícil definición –la emoción estética– es el que termina por servirnos a algunos para definir el difícil concepto de arte. Como este texto no trata en realidad sobre qué se debe entender o no por arte, ni soy yo un teórico de la materia, me permitirán que dé por supuestas algunas cosas y que trate de explicar a mi manera algunas otras. Aunque parezca lo contrario, los artistas no siempre somos los más indicados para hablar de las disciplinas artísticas. No somos filósofos. No somos, las más de las veces, eruditos de aquella materia que tratamos de honrar, sino simples aficionados.

Qué término más hermoso –permítanme que reflexione– este de *aficionado*, que transporta, al menos hasta mis oídos, todas las virtudes de la mirada limpia, lo contrario de lo que a veces parece significar el vocablo *profesional*.

Un aficionado es el que posee una pasión, una vocación de actor o de espectador, completamente gratuita, fraguada en la infancia y cultivada en la madurez, un gusto porque sí, un capricho, que es la manera en que el amor se mantiene en el tiempo: el amor hacia nuestras aficiones y el amor en general. (Ya saben ustedes que Oscar Wilde sentenció que la diferencia entre un capricho y el amor, es que un capricho dura toda la vida.) Un aficionado, en mi particular diccionario de entender las cosas, es un gozador de su particular chifladura, y considero que quien posee ese género privado de chifladura es dueño de un tesoro para la vida. Los seres más afortunados, creo, son aquellos que cultivan un delirio que los mantiene entretenidos. El aficionado a la literatura, el aficionado a los toros, el aficionado a coleccionar alguna de las infinitas manifestaciones de la realidad es alguien a quien el tedio no hostigará más de la cuenta. Y el tedio, el aburrimiento, constituye una de las formas bajo las que se enmascara el mal. El aburrimiento que hace a los hombres murmuradores, que los vuelve susceptibles, que los inclina a la intolerancia con respecto a las vidas ajenas. Porque un buen aficionado a cualquier buena afición es alguien que sabe, por principio, que hay que respetar las aficiones ajenas, para que nos respeten la propia. Alguien que no pierde el tiempo en censurar la actitud de los demás, porque eso significa una pérdida del tiempo que necesita para su afición. Alguien que hace de su pasatiempo una escuela de vida, en la que aprende que, puesto que hay casi tantas aficiones como individuos en el mundo, todas y todos cabemos bajo la bóveda del cielo.

Ni que decir tiene que un buen profesional debería ser siempre, antes que ninguna otra cosa, un buen aficionado. Pero con más frecuencia de la aconsejable, el profesionalismo mata en nosotros los deseos de infancia, el regalo que nos hacíamos a nosotros mismos con nuestra afición. Con más frecuencia de la aconsejable, el profesionalismo nos convierte en trabajadores de aquello que empezamos por amor. Y la etimología de la palabra trabajo –*tripalium*– nos conduce a lo que nos castiga, a nuestro cepo, a nuestro sufrimiento, aquello que nunca padece un buen aficionado de verdad.

He hablado unas líneas más arriba del entretenimiento, del pasatiempo. Me da la impresión de que esos dos términos han sufrido un proceso de deterioro, como ocurre tantas veces en el lenguaje, que les ha restado su verdadera hondura, e incluso su solemnidad. Permanecer entretenidos, pasar el tiempo divertidos en lo que hacemos, parece que constituya un asunto menor. La severidad de ciertas concepciones sufrientes de la existencia considera frívolo todo lo que no provenga del dolor, todo espíritu de la letra que no entre en nosotros –como si dijéramos– con sangre. Sin embargo, pocas cosas hay tan trascendentes, tan profundas como el hecho de procurarse un entretenimiento, un pasatiempo en el mundo. Somos el *homo sapiens*, pero en no menor medida somos también el *homo ludens,* la criatura que juega y trata de divertirse. Pensemos en la verdadera trascendencia que tiene, por ejemplo, la maravillosa frase hecha de *matar el tiempo*. Quien se entretiene, quien juega y se divierte, está matando el tiempo. Esto es, se está librando, en el tiempo, del tiempo que a él lo mata, gracias a que en su actividad el tiempo mismo parece desaparecer. Por lo tanto, no sólo no es frívola mi reivindicación del pasatiempo, sino que representa un programa de vida, una manera de entender el mundo.

Ese matar el tiempo, ese desprenderse –aunque sea en apariencia– de la temporalidad es lo que hace que un aficionado sea un devoto de su afición. Cualquier aficionado, mientras cultiva aquello que más quiere, está fuera del tiempo, está fuera de sí, de aquello que amenaza con matarlo, su temporalidad, pero de lo que se venga matándolo él mismo con su disfrute pacífico, con su puro placer.

El aficionado taurino ama el arte del toreo, supongo, por múltiples razones. Algunas son comunes a todos los aficionados y algunas son de carácter privado, intransferibles, y forman parte de la intrahistoria de cada cual. Quiero decir que a todos los taurinos nos gusta, pongamos por caso, la estampa que componen el toro y el torero, las suertes bien ejecutadas, el especial calor que desprende la plaza a rebosar cuando está sucediendo una buena faena, la historia gloriosa de la Fiesta con sus mitologías y su literatura.

Pero además, un taurino tiene, seguro, sus inclinaciones exclusivas. Qué sé yo: a cada cual lo suyo. A mí me gusta todo lo que envuelve el ritual de la corrida, desde el acto de citarme con los amigos en nuestro bar de siempre, hasta el desfile por los pasadizos de la plaza, en semipenumbra, a la búsqueda de la almohadilla, para después aparecer en el tendido por el vomitorio y ver el albero resplandeciente bajo el sol implacable de la tarde. Me gusta el floreo de los clarines en el aire tenso, el rumor de inminencia con que se masca una gran faena en el espíritu de la plaza, el forro de color de los capotes, los brillos sobre los alamares, las vaharadas de bosta caliente que se propagan desde los corrales, la diligencia de los monosabios. Qué sé yo: la infinitud de detalles que hacen del toreo esa trascendente forma de matar el tiempo.

Ahora bien, lo que creo que eleva la tauromaquia a la condición de arte –y es ahí donde quería llegar– tiene que ver con la capacidad para transmitirnos la emoción estética. Si no apareciese en el toreo esa virtud de contagio, sería una disciplina interesante, una actividad meritoria, pero no merecería el rango de arte. Entonces, ¿cómo podríamos definir esa emoción estética que algunos consideramos el basamento de las disciplinas artísticas? No hay una respuesta a ninguna pregunta, y menos en un asunto tan complejo. La definición que trato de explicar sólo supone una minúscula aportación a la tarea de reflexionar sobre la esencia de aquello que nos gusta, y, en especial, de por qué nos gusta.

Creo que la emoción estética se produce cuando contemplamos una actividad del hombre, ejecutada con excelencia, conforme a unas normas que establece la tradición, y que nos produce –aquí está lo importante– una suerte de revelación acerca de la vida del ser humano, acerca de su destino como individuo y como especie. Si no existe esa condición trascendente, la actividad puede ser interesante –cualquier trabajo, cualquier deporte, contemplado con atención, reúne caracteres que lo hacen digno de nuestra mirada–, pero dudo de que podamos considerar dicha actividad como arte. Si no hay inmersión en el misterio, si no hay comunión con las verdades últimas de la existencia, si no hay apetito de descubrir el secreto que nunca se descubre, nada puede ser considerado arte, al menos en mi opinión.

El toreo es arte –a mi modo de ver– porque participa de esa condición mistérica, porque irradia evidencia, pero también simbolismo, porque cuenta lo que ocurre en el instante del encuentro entre el toro y el torero, pero también sugiere, a través de su ejecución, lo que el mundo tiene de mágica tragedia.

Y esa condición reveladora, ese carácter mágico, cuando acontece en el toreo, proviene en buena medida de la quietud. Permítanme de nuevo que me detenga un instante en la palabra, que la saboree, que la exprima. Si los poetas no nos deleitamos en el lenguaje, no merecemos el nombre de poetas. La quietud: qué sobria suena, qué cabal, qué en su ley. La quietud arrastra ecos de templanza, de mesura, de circunspección. Alguien que está en su quietud no se atolondra. Alguien que vive en su quietud no se desespera. Alguien que se hace fuerte en su quietud menosprecia el torbellino del mundo, que todo lo confunde.

En el toreo la quietud constituye una paradoja cinética, una contradicción del movimiento. Porque llamamos quietud, en realidad, a lo que se mueve, pero a lo que se mueve conforme a una especial manera de estatismo. Me explicaré. Me aventuro a pensar que llamamos quietud en el toreo a la lentitud que se lleva a efecto en la faena conforme al temple. La quietud no es inmovilidad, sino *lentitud* más bien. En primer lugar nuestra quietud necesita del concurso del toro, que no puede estarse quieto, que no debe estarse quieto, sino embestir conforme lo manda el dios de la tauromaquia: con reiteración pastueña, con bondadosa y entregada repetición. Pero además, nuestra quietud necesita del movimiento de las manos y brazos del torero, que manejan el engaño. La quietud de la faena necesita que el torero gire sobre sí mismo para volver a plantar los pies en donde deben ser plantados, a la distancia justa. Así pues, la quietud de la que hablamos puede parecer un error de vocabulario, puede parecer que representa una mala elección léxica, porque apunta más bien a *la lentitud.* Y sin embargo, creo que la palabra está perfectamente escogida. Esa lentitud del arte de torear no debe llamarse lentitud, sino quietud.

El excelente novelista checo Milan Kundera, en su novela *La lentitud,* analiza, a través de las peripecias de sus protagonistas, las relaciones que se dan en nuestra vida entre las dos fuerzas motrices que nos gobiernan: la velocidad y la inmovilidad, el fárrago y el torbellino del mundo, y nuestra vocación de detenernos para no ser arrastrados por el huracán. En un momento concreto de la novela se suscita la siguiente reflexión. Un hombre conduce a doscientos kilómetros por hora por una autopista cercana a París. De repente, en el carril vecino, aparece un coche que conduce a la misma velocidad. Están uno al lado del otro. Los conductores se miran. Van a doscientos kilómetros por hora, pero están, como si dijésemos, detenidos el uno frente al otro. Flotan en una burbuja de lentitud. Se cruzan sus vidas, con todo lo que sus vidas acarrean. Allí están sus cuerpos, pero también su historia, con sus amores, con sus muertos, con sus enfermedades, con sus sueños, con sus fracasos. Están detenidos en el aire, por una paradoja de la percepción, por una evidencia de la Física que entraña una especie de milagro. Corren a doscientos kilómetros por hora pero están detenidos, están sufriendo una revelación de la lentitud. O mejor dicho: nosotros, los lectores, por obra de la sabia combinación de las palabras –esas reglas ejecutadas conforme al criterio de excelencia que marca la tradición novelística–, estamos sufriendo una revelación de la lentitud, gracias al arte de Kundera. Estamos disfrutando de la emoción estética. Estamos comprendiendo que todo lo que merece la pena debe ser meditado, debe ser analizado con pausa. Estamos comprendiendo que buena parte de la tarea de ser hombre consiste en detener el tiempo para pararnos a pensar, para tratar de desvelar en qué consiste estar vivo. Vivir y saberse viviendo, gozar y saberse gozando son una y la misma cosa.

Creo que si Kundera fuese aficionado taurino no habría tenido inconveniente en incluir en su novela un episodio de lentitud taurina, es decir, de quietud. Incluso podía haber titulado así su libro: *La quietud*. Porque la quietud taurina es equivalente en mi interpretación a la lentitud de Kundera.

La quietud que emana de una faena taurina redonda posee los caracteres de la emoción estética, porque esa inmovilidad que no lo es, esa paradójica detención en marcha del torero frente al toro –en la que cabe el mundo, en la que parece no pasar el tiempo– nos procura una experiencia honda que es una honda revelación. Abre una grieta en el muro del misterio de estar vivo, a través de la cual atisbamos una sílaba del secreto.

Aquí están, en el ruedo, el torero y el toro, en su quietud, y acaban de detener el tiempo. Ahí están la vida y la muerte haciéndose requiebros, pero ahora no cuentan. El tiempo se ha parado. Lo han parado el torero y el toro en su lentitud perfecta. ¿Dónde estamos nosotros, en mitad de nuestra conmoción? ¿Adónde nos hemos marchado en medio de tanta sutileza, de tanto placer? A ningún lugar. A nosotros mismos, pero a nosotros mismos fuera de todo lugar, fuera del mundo, aunque estemos en el mundo. Como cuando asistimos a la emoción sagrada de la música, o al desenlace del drama teatral, o a la cumbre del poema, o a la apoteosis de la carne en el amor. Estamos más que nunca en nosotros, pero más que nunca también fuera del tiempo. Lo hemos detenido. La quietud lo ha hecho, la quietud del toreo. La quietud del arte.

El toreo, en su significado más profundo, nos dice lo mismo que nos dice todo el gran arte –la arquitectura y la novela, la lírica y la danza–. Sí, tenemos que morir –nos dice el maestro vestido de luces–, pero ahora permitidme que detenga el tiempo y que goce de este instante de plenitud, de este momento de aventura con lo que construyo. Como sólo el arte sabe hacer: con una casa, un relato, un poema, una danza. Permitidme que os dé cobijo contra la intemperie con la danza, el poema, el relato y la casa de la quietud en mi faena. Sí, tenemos que morir, pero no será ahora, pero no será hoy. Ahora vamos a disfrutar. Ahora vamos a parar el tiempo.

Esa es parte de la lección, parte del misterio, parte de la enseñanza profunda que nos otorga la quietud en el toreo. De ahí que tenga ganas de decir, a la manera del maestro Bergamín,

> Quiero quedarme tan quieto
> como el toro y el torero,
> porque están en el secreto.

[Leído en el ciclo «La Quietud en el Toreo», en el curso de las XXI Jornadas de Tauromaquia Ciudad de Algeciras, 2006.]

Miquel Barceló

Un ejercicio de deslumbramiento
Luis Francisco Esplá y Miquel Barceló

Miquel Barceló: En realidad, no tengo muchos amigos toreros. Conozco bien a Curro Romero, y a algunos más, pero Luis Francisco es sin duda el torero del que me siento más cercano, debido a la pintura... En el mundo de los toros se habla mucho, pero algunas cosas no se dicen nunca. Lo que nos interesa a Luis Francisco y a mí es la relación con nuestro trabajo, comprender el momento en que las cosas se transforman, se convierten en arte. Comprender por qué se dice que el toreo es un arte cuando, a todas luces, en muchas ocasiones no lo es: un torero puede torear varias corridas sin que en ellas haya intervenido para nada el arte. Lo mismo sucede con la pintura: cuando no funciona, es un manchón. Hasta que, un día, sin que se sepa por qué, pasa a ser arte, y a todo el mundo le parece evidente.

Luis Francisco Esplá: Yo me hice torero casi por casualidad. ¡A lo mejor, en el fondo, soy torero porque soy mal pintor! Como quería ser pintor, estudié Bellas Artes. Empecé a torear muy joven porque mi padre, que fue novillero, dirigía una escuela taurina, criaba toros... Siempre me moví en ese ambiente, pero llegó un momento en que me sentí saturado. Empecé a aborrecer todo aquello, primero porque no acababa de comprenderlo, pero sobre todo porque no veía a santo de qué yo también tenía que dedicarle mi vida.

Barceló: A los doce años toreabas ya regularmente.

Esplá: Sí, pero yo te hablo de antes. A los cinco o seis años, mi padre me llevaba a torear por los pueblos y yo estaba ya plenamente metido en una dinámica taurina. Pero, hacia los doce años, me dije: «¡Un momento, no me gusta nada lo que está pasando! ¡Y, además, no entiendo nada!». ¿Sabes lo que me salvó? Que en cierto momento me di cuenta de que el toro, en el fondo, era una materia. De repente se me hizo la luz: no era un animal, al que se engaña, al que se mata, ¡no! El toro responde a la lógica de un material sublime, de un ser vivo. Y a partir de entonces empecé a pensar que yo tenía un compromiso con ese material al que comprendía, un material con el que había convivido desde mi primera juventud; comprendí el compromiso ético que se necesita para sublimar esa materia, y me dije: «Ya sólo te queda hacerte torero».

Barceló: Pero cuando te hiciste novillero, seguiste estudiando Bellas Artes.

Esplá: Sí, seguí dedicándome a las dos cosas. Por eso digo que, afortunadamente, era un mal pintor. Porque quien creció fue el torero, el otro se quedó como estaba. Lo que está claro es que nunca dejaré la pintura, pero pasaré a la historia como torero.

Barceló: Bueno, aún puedes hacer carrera como torero y a la vez como pintor, ¿quién sabe? Yo, en cambio, sé que nunca haré carrera en los toros.

Esplá: Pero tú también toreaste, viviste esa experiencia.

Barceló: Lo suficiente para comprender que no era lo mío. Más futuro tienes tú en la pintura que yo en los toros...

Esplá: Los toreros, los pintores y los artistas en general tenemos la inmensa suerte de que se nos brinda la posibilidad de conocer a otros creadores. Yo he conocido a personas que han enriquecido profundamente la visión de mi propio trabajo.

Barceló: Es natural. Lo raro, por ejemplo, es conocer a un presidente de gobierno, pero es lógico, e importantísimo, conocer a artistas.

Esplá: Te aportan una visión nueva de lo que haces. Por ejemplo, contigo tuve una experiencia muy extraña. Todo el mundo sabe que el toro se desplaza de determinada manera, según un movimiento peculiar. Es una intuición que uno tiene, pero es muy difícil comprender exactamente cómo funciona. Una noche, aquí, en Nîmes, me hablaste de los círculos. Te preguntabas si un torero, cuando realiza una faena, trazaba círculos perfectos a partir de las circunvoluciones de la capa y del toro en torno suyo; y si sus pies inmóviles trazaban una especie de cráter al girar... En ese momento, pensé que lo que decías era efecto del champán. No obstante, tomé nota de esas reflexiones y las puse a un lado, pensando que algún día me serían útiles, hasta que, una mañana, me ocurrió una cosa curiosa: estaba en el campo delante de mi finca, lucía un sol limpio, inmaculado...

Barceló: Como una playa, por la mañana...

Esplá: ... y me puse a torear. El toreo de salón es lo que más se acerca al toreo perfecto. Porque no hay ningún toro que venga a turbar tu lenguaje. Llegado un momento, me paré porque estaba agotado, quería descansar, me senté, y miré el suelo. Me dije: «¡Coño! ¡Tiene razón el cabrón de Miquel!». Todo estaba nítidamente dibujado en el suelo: los círculos, el cráter, los movimientos de la capa, que se supone que son los del toro, ¡todo estaba ahí! Desde entonces, comprendo el vínculo total, absoluto, que existe entre el círculo, la curva, y el toreo, que en su esencia debe ajustarse al máximo a ese concepto.

Barceló: El toreo moderno comienza con las curvas. ¡Tú no lo veías porque estabas en la plaza! Pero antes de que se retiren los muleteros, en el momento en que limpian el ruedo, lo que mejor se ve es la línea curva del arrastre, pero también se observan perfectamente los pases, los movimientos... Depende del suelo, pero ahí queda la memoria de la faena, al menos para los que saben leer el terreno, como los indios.

Esplá: Es fundamental verlo de ese modo. En el mundo de los toros, a nadie se le ocurre pensar en esas cosas. Yo, como torero, con la mentalidad de un torero, nunca hubiera ido a buscar el recorrido del toro a través de ese rastro. No, yo tiraba por otros derroteros, más importantes para mí.

Barceló: El que deja el rastro no lo ve. Al pintar escenas de toreo, he intentado plasmar esas cosas, el rastro, lo que queda, los espacios, y pensaba en lo que se dice del toreo moderno, de Belmonte, que comenzó con curvas. Viene a ser el equivalente del cubismo en pintura, o, en física, del espacio curvo de Einstein; es el momento en que se acaba un modo de torear que podríamos denominar «romano», lineal.

Esplá: Sí, aquello era un toreo lineal, donde no coincidían los espacios del toro con los del torero.

Barceló: Únicamente había secuencias donde el toro y

el torero se cruzaban; una secuencia tras otra, como en el cine. Y Belmonte es el primero que cambia esa tendencia, el primero que gira, que hace girar al toro. Y la forma de la plaza corresponde en cierto modo a eso, a un círculo, a un cráter. Aquí, en Nîmes, es más especial, porque la plaza es ovalada. Pensaba en esos dibujos que hacías para las banderillas; hace unos años me enseñaste en Barcelona esos gráficos en los que dibujabas (si no me falla la memoria) la plaza, la trayectoria del toro y la del torero, con el punto de encuentro, que es el momento en que el torero clava las banderillas. Es como el boceto de un arquitecto, o el *story board* de una película. Y me preguntaba si aquí, en Nîmes, el hecho de que los ruedos sean ovalados te obligaba a modificar tu modo de torear.

Esplá: Hay una cosa clara, que nos remite una vez más al círculo: el toro define también terrenos circulares; o sea que, al margen de su *querencia* –el lugar adonde irá siempre a refugiarse–, en el ruedo el toro hace converger terrenos circulares más hacia un punto que hacia otro. Crea terrenos centrífugos, comprende que debe expulsar todo lo que entre en ese círculo, en su terreno. En Nîmes hemos de efectuar otra lectura, pues todo lo condiciona el óvalo, y llega un momento en que esos terrenos elegidos por el toro parecen más seguros, más evidentes para él, en uno u otro extremo del ruedo. A ojos del toro, se produce como un reforzamiento de esos terrenos. ¿Con qué consecuencias? Cuando un toro plantea problemas, crea dificultades, se parece a un chiquillo conflictivo: hay que cambiarlo de entorno para que ya nada le mortifique; si se quiere que deje de mostrarse hostil, debe perder los puntos de referencia en los que se encerraba, y entonces acabará sometiéndose un poco a la educación. Con el toro sucede exactamente lo mismo: cuando te topas con un toro que plantea problemas, dificultades en las que él mismo se encierra, tienes que buscar el terreno más neutral posible para que el toro pierda toda referencia.

Al mismo tiempo, una de las principales cuestiones que se le presentan al torero respecto a esos terrenos es cómo situarse en relación a la barrera; aquí, en Nîmes, la dificultad está en que no se halla a la misma distancia debido al óvalo de la plaza.

También se plantea ese problema cuando te sale un toro manso. El manso es como un niño tímido, un poco tonto, que pide sentirse en confianza, en un ambiente agradable, y necesita que le pongan todos los medios para que pueda confirmar su personalidad. Nîmes no es mala para un manso, porque aquí todo el terreno es suyo. En resumen, no es más complicado enfrentarse con los toros en Nîmes (¡es fenomenal!), pero cuando te sale un toro difícil, lo conflictivo es el óvalo.

Barceló: Y tú, mentalmente, ¿te planteas que estás toreando en un espacio ovalado, o sigues pensando en una plaza circular?

Esplá: Circular. El círculo, como decías, no es solamente la idea que lleva dentro el torero. El círculo imprime también una tensión de fuerzas. Lo mismo que pasa en arquitectura o en otros ámbitos: ¿cómo se adiestra un caballo? En un círculo, y eso indica que el círculo crea la sensación de sumisión de fuerzas. Todas esas fuerzas, aunque latentes, están ahí. Por eso, cuanto más largo sea un pase de muleta, más emoción produce. El círculo va haciéndose cada vez más perfecto, y parece que se suspenda el tiempo.

Barceló: Se produce un círculo, pero es como un borrón, y es que es tridimensional. Nosotros tendemos a considerar eso como cosas bidimensionales, en la superficie plana del ruedo; sin embargo, es sólo una especie de esbozo, porque en realidad se produce en tres dimensiones.

Esplá: Sí, debe producirse en tres dimensiones. Lo bueno de todo eso es continuar, insistir y, al final, alcanzar el círculo. No siempre se consigue; depende también de la implicación del material. Puede ser una ventaja o puede no serlo. He aprendido mucho de Miquel porque a él le obsesiona la cuestión del material: nunca deja de buscar formas, fórmulas, pigmentos...

Barceló: Si tú pudieras inventarte tus propios toros...

Esplá: Ahí está: yo sufro el material, que limita todo mi proceso de creación. Por lo común, el proceso de creación de todo artista comienza con la idea. Y a través de una técnica, acabas organizando tu material.

Barceló: Bueno, a veces son los cuadros los que dan vida a las ideas, no al revés. Cada vez que he pintado a partir de una idea, he fracasado. Para que todo funcione, ha de ser el cuadro el que genere las ideas. Y se asumen riesgos. Viene a ser como una pulsión. Las ideas las produce el cuadro, y eso lo comprendes posteriormente, según se desprendan o no de él. Te das cuenta cuando se borra, o cuando ya lo has destruido; sucede con frecuencia, ¡y entonces comprendes que era magnífico! Muchas veces me he sentido demasiado agotado para destruir un cuadro y, al día siguiente, he caído en la cuenta de que, en realidad, ahí hay una idea. A menudo, eso se debe a la conjunción del material y de las leyes físicas; leyes como, por ejemplo, la de la gravedad. La fenomenología de la pintura es muy material, como puede serlo el toro, ¿no?

Esplá: En última instancia, es exactamente como el

toro. Como lo que veo en la plaza, una voluntad del material. En la plaza, lo que hay que integrar en el proceso de creación es la voluntad del toro, y eso nos obliga a situarlo en primer término en el toreo. Lo primero es el material; luego, unos recursos técnicos para someter ese material, y si tienes suerte, lo que no sucede siempre, puedes aportar al final tu impronta, dejar hablar a tu inspiración. En la mayoría de las corridas, sólo queda ese diálogo entre el material y la técnica, y no puede accederse al toreo sublime, que es aquel en el que uno aporta su toque personal.

Barceló: Con los toros siempre se tiene la disculpa de la falta de suerte: que el toro ha salido malo... Con la pintura, resulta más difícil esa justificación. ¡Siempre es culpa del pintor! Cuando todo sale bien, no es gracias a ti; es como si algo hubiera surgido a través de ti, nunca puedes sentirte del todo orgulloso, porque son cosas que te llegan, que surgen a través de ti. Pero cuando va mal, siempre tienes tú la culpa.

Esplá: Te diré que si el toro pudiera hablar unos segundos antes de morir...

Barceló: Sí, soltar algún comentario...

Esplá: ¡Exacto! Le alargarían el micrófono: «¿Y qué, qué le ha parecido?». ¡Sería fantástico! Algunos toros dirían: «Hum... ¡la madre que le parió!» *[Risas]* La verdad es que a veces hay toros que parece que no se los haya entendido.

Barceló: Sí, porque presenta una doble dificultad: hay que comprender ese material, y además no lastimarlo demasiado, dejarle la posibilidad de expresarse.

Esplá: Exactamente: una de las particularidades de ese material es que posee voluntad propia. Y si no incorporas esa voluntad animal a tu propuesta, la cosa deja de tener sentido.

Barceló: Sí, todo queda en pura teoría.

Esplá: Si no le dejamos hacer su voluntad, queda reducido a materia inerte.

Barceló: Lo sorprendente cuando ves los toros de antes, en los grabados, o en las fotos antiguas, en el *Cossío,* por ejemplo, es que parecen muy distintos unos de otros: los hay grandes, pequeños, cambian mucho; cuando salía el toro, la gente debía de preguntarse: «Y éste ¿cómo será?, ¿qué va a hacer?». En cambio, ahora, me da la impresión de que es un poco más previsible. Por ejemplo, ayer vi la corrida que tuvo lugar aquí, con la ganadería de Domingo Hernández, y los toros eran muy parecidos. Por supuesto que hay matices, quince o veinte kilos de diferencia, unos mejores que otros...

Esplá: Hay matices, sí.

Barceló: Pero no se aprecian grandes diferencias. ¿No te parece que esto ha cambiado y que hacen lo posible para que los toros se parezcan?

Esplá: Lo que prima actualmente, como en el mercado, es la apariencia. Los aficionados se dejan engañar muchas veces por un peso considerable, por unos cuernos inmensos o por un volumen desproporcionado. Pero pasa como con la fruta: a veces compras en el mercado fruta magnífica, que te parecía soberbia, y cuando le hincas el diente no vale nada. Y al lado mismo tienes fruta que no se vende, porque no se valora, porque es fea a la vista, pero que tiene un sabor exquisito. Lo mismo pasa con los toros: la selección los ha despojado de esa bravura.

Barceló: Es difícil discernirlo, porque al mismo tiempo es algo muy sutil.

Esplá: Sí, pero yo me quedo con esas diferencias. Un toro manso es un toro que lleva dentro esa bravura, un toro que cambiará durante la lidia y que, en definitiva, imprimirá dinamismo, brindará otras posibilidades. Es como un gran lienzo que te dice: «Venga, veamos ahora de qué eres capaz y cómo pones orden en todo eso». Por eso ese tipo de toros no desagradan forzosamente a los toreros, porque con su poderío, y todas sus facultades, acaba gustando al espectador.

Barceló: Lo curioso es que tú no eres fruto de una escuela taurina, y lo digo no sólo como torero: eres fruto de la Escuela de Bellas Artes, algo que ha sido importante en tu vida. Sin embargo, lo que más te define es tu inmenso conocimiento de los toros, de su historia, sin haber pasado por una escuela taurina. Tengo la impresión de que todos los toreros que salen de las escuelas taurinas se parecen. Supongo que sucede como con todas las artes: hay una masa de gente que se parece, y algunas individualidades que destacan mucho.

Esplá: Creo que a mí me pasó lo que ocurre siempre en el arte. He vivido una época en la que la gente se interesaba por lo fundamental: estudiaban el toro, sus terrenos, existía una auténtica obsesión por los terrenos, como si fuera la génesis del toreo. En la pintura ha habido épocas comparables, épocas en que la gente volvía a lo esencial, y lo esencial es el material. Parece que sea un saber que acaba desapareciendo siempre.

Barceló: Es lo de la tabla rasa, se pone todo en tela de juicio. ¿Qué necesidad hay de una estructura?, ¿por qué un lienzo?, ¿por qué pintar en un lienzo rectangular? La cuestión es replantearlo todo.

Esplá: Ha habido otras épocas, como sabes, Miquel,

en que lo importante era el resultado. A la gente sólo le preocupaba el fin, pero cuando se parte del fin, siempre se recorre un trayecto muy corto. En el toreo ocurrió lo mismo. Cuando se parte del fin, es decir, de los pases con la derecha y con la izquierda, no queda más que un camino muy corto.

Barceló: Sí. Por un lado, está el toreo barroco, como suele llamarse, y otras veces se opta por renunciar a muchísimas cosas. Puede hacerse perfectamente una lectura paralela del toreo y de la historia del arte, de la música y de la literatura: ha habido el estructuralismo, el posestructuralismo y el desestructuralismo. Siempre se produce un movimiento pendular entre clasicismo y barroco. A veces, sin darse cuenta, los toreros practican un toreo barroco, ¡y hasta rococó!

Esplá: Hay además otro aspecto que la gente no ve: cuando se habla de escuela, en realidad se habla de estética, no de escuela. Se habla, por ejemplo, de la escuela andaluza, pero no es así. Una escuela, la naturaleza de una escuela, reside en el modo de estructurar el toreo, de manejar los terrenos, eso es lo que marca la diferencia entre escuelas. Luego está la pátina final, la estética, y puede hablarse de varias estéticas, entre ellas la sevillana. Pero la gente confunde las cosas; sobre todo en estos últimos tiempos, existe una confusión muy grave: hay toreros que son extremadamente castellanos en su concepción, su uso y la distribución de esos terrenos, ¡y sin embargo la gente se refiere a ellos como toreros sevillanos! Pero sucede lo mismo en pintura, ¿no?

Barceló: El problema, con la pintura, es cuando la gente te interpela por lo que haces. ¿Qué pintas?, te preguntan. ¿Y qué vas a contestar a eso?

Esplá: Es como cuando me preguntan: «Pero ¿a ti qué tipo de toreo te gusta?». El problema es que no lo sé. Lo reconozco: es lo que hago, es lo que me gusta, pero de ahí a poder hablar de ello...

Barceló: Volviendo al asunto de los terrenos, recuerdo un cuadro que pinté, titulé *Ad marginem.* Casi todo se desarrolla fuera del cuadro, el cuadro es tan sólo el resto del espacio, vacío; el toro y el torero están en el borde, casi no se les ve, al público tampoco, como si todo se lo hubiera tragado la arena. No obstante, hay una gran tensión en el cuadro, y es realmente una cuestión de milímetros, es como cuando hay electricidad. Una diferencia de unos milímetros, y cambia absolutamente todo.

Esplá: Para explicar el toreo, para comprenderlo y partir de lo fundamental, hay que volver al asunto de los terrenos, donde todo se ventila de verdad. Luego, volvemos a lo mismo: el resultado final que consigues colocando la mano aquí o allá, con el pecho, con la cintura, todo eso es la pátina final, la estética, pero el fundamento del toreo son los terrenos. Ha de producirse algo para que el toreo se sublime, para que se acerque de verdad a ese concepto casi milagroso: hemos hablado de los terrenos del toro, de las *querencias,* lo que hace que el toro elija un terreno y no otro. Existe una querencia muy conocida, que hace que el toro prefiera mantenerse cerca de la puerta del toril, como si hubiera un cordón umbilical que lo ligara a los chiqueros, con el que se comunicara con su mundo, aquel en el que se reconoce. Es como una especie de contacto con el mundo materno.

También están las querencias que aparecen cuando el toro define su terreno en el ruedo, y hemos visto que pueden cambiar durante la lidia. Están las querencias centrífugas, que tienden a expulsar todo lo que entra en ese terreno, y no es algo abstracto: yo podría señalarlo cada vez, y decir que con un pase más el toro se arrancará, o: si paso por ahí, sé que no vendrá. Eso casi todo el mundo puede percibirlo en la plaza. Esas querencias centrífugas, que rechazan todo lo que entra, es preciso transformarlas en querencias centrípetas: el torero inicia el pase de muleta, entra en ese terreno, se posesiona de él, y cuando el toro embiste, el torero está en el centro de su terreno. Cuando el toro se ve desposeído de él, cuando ve a un ser humano invadir lo más íntimo de su terreno, tiene una reacción evidente, tiende a expulsar ese elemento hostil. Y de ese modo inviertes la querencia. Ya no es centrífuga, es centrípeta. Y en esa inversión reside el toreo esencial. Independientemente de la categoría del torero, cuando se produce, la gente experimenta una emoción: ése es el toreo auténtico. Quizá la gente no sea capaz de percibir el mecanismo, pero el hecho de que experimenten esa emoción es señal de que se ha producido el cambio de terrenos.

Barceló: Y es una representación del mundo, y de la muerte, casi literal, una representación antiquísima, y eso hace aflorar la emoción.

Esplá: Sí, y provoca como una confusión de voluntades, de terrenos, de trayectorias, y esa confusión suscita también la cuestión del tiempo. Cuando se produce, el tiempo se contiene, como si quedara en suspenso, se pierde un poco la noción de él, es como una eternidad. Hay toreros que dan todos sus pases –y se podrían cronometrar– exactamente a la misma velocidad, pero sólo uno crea una sensación de lentitud. Da la impresión de que se ha detenido el tiempo. Y esa ficción crea una emoción especial.

Barceló: Se dice que ha parado los relojes...

Esplá: Exacto. Supongo que también te habrá ocurrido a ti, ¿no? Tu trabajo transcurre de tal manera que el tiempo no ha pasado.

Barceló: Además, lo curioso es que en todas las plazas hay un reloj inmenso, se pregunta uno para qué. ¡Eso sería inimaginable en un taller! Es extraño. Como los avisos, que son como una memoria del tiempo que pasa. Y el mismo ruedo tiene forma de reloj.

Esplá: Lo de los avisos es curioso: ¡ponerle una medida al arte!... Tiene algo de esquizofrénico.

Barceló: Como el hecho de que en España el toreo dependa del Ministerio del Interior... Es absurdo. Y, además, determinadas normas ponen trabas a la creación. Más de una vez me dijo Curro Romero: «No veo por qué no puedo torear toda una corrida con la capa».

Esplá: Yo soy enemigo del reglamento, de algunos de sus aspectos, porque creo que lo que sustenta la esencia del espectáculo es la tradición, y no un reglamento, que se limita a mantener la parte exterior del espectáculo.

Barceló: El reglamento no lo inventaron quienes lo escribieron, sino que viene de los toreros. Pero las autoridades lo hicieron suyo.

Esplá: Existían escritos, lo que llamaban «tauromaquias», pero, en definitiva, quienes redactaron y dieron forma al reglamento fueron los juristas.

Barceló: Estaría bien hacer una faena con la capa, y matar con la capa, ¿no?

Esplá: Hay toros que se prestan a ello. Ayer, en Madrid, mi segundo toro era así. Con la capa era perfecto, pero yo sabía que con la muleta no entraría. Es una verdadera lástima no poder seguir en el mismo tercio aprovechando lo que el toro puede hacer y, por una cuestión absurda, pasar a otro tercio de la lidia, tener que poner las banderillas, y privar así al público de lo que uno podía haber hecho. Como ocurrió ayer, cuando tuve que pasar a la muleta sabiendo que el toro no servía para eso.

Barceló: Ahí está el aspecto litúrgico de la corrida, viene a ser como la misa.

Esplá: Como lo que dicen de mí, que mato mal: con determinados toros tengo que repetir la estocada, pero lo hago para que la gente me vea matar varias veces... *[Risas.]*

Barceló: Por eso al torero se le llama «matador de toros», el que mata los toros. No hemos hablado mucho del asunto de la muerte, aunque es fundamental.

Esplá: ¿A qué tipo de reflexión te lleva a ti la muerte del toro?

Barceló: Por una parte, es como una conclusión evidente. Se termina algo. Además, no puede terminar de otra manera. No quiero decir que sea lo mismo que cuando firmas un cuadro, al margen de que yo nunca he firmado ninguno. Pero es como el remate final. Algo que hay que acabar, es fundamental, y no puede hacerse otra cosa. A mí, la idea de torear sin matar al toro me resulta totalmente absurda. No es que me parezca un momento más hermoso que cualquier otro, pero hay que hacerlo. ¿Cuál sería el equivalente en pintura? Desde luego, destruir un cuadro no. Cabría pensar que es lo más parecido a cuando destrozas un cuadro, a cuando lo haces pedazos, pero por más que el esfuerzo físico pueda ser comparable, no es en absoluto lo mismo.

Otra diferencia: ¡los mejores cuadros son los que no existen! Los medio soñados, los que has tenido en mente, pero que se han malogrado, ésos son los mejores.

Por eso existe siempre una buena razón para volver a empezar.

Esplá: Es donde se ve que el toreo es distinto a las demás expresiones artísticas. En las películas, pone *the end,* y se acabó. Hay una bonita anécdota, con una actriz americana, no recuerdo ahora su nombre. La actriz fue a ver una corrida en Barcelona, con Domingo Ortega, que era un gran dominador de toros: cuando todos echaban a correr, él, con magnífica lentitud, sometía a los toros. Aquel día se impuso de esa manera, lo había hecho todo, como agarrar el cuerno del toro, al que acabó sometiendo como si fuera su perro. Y cuando lo mató, la actriz exclamó, aterrada: «Con lo que le ha costado domarlo, ¿y lo mata?»... No cabe duda de que, a fin de cuentas, matar al toro es el único modo de hacer tuya, y exclusivamente tuya, la obra.

Barceló: Y el toro pide ese final: se entrega... para que se le mate.

Esplá: Sí, tal vez también sea un problema cultural. Quizá, para comprenderlo, es necesario haber convivido toda la vida con esa idea. No veo otro final que la muerte del toro. Pienso que es lo más digno que puede suceder, porque no matarlo, dejarlo salir entre los cabestros, rendido, vencido, lleno de sangre, es una escena humillante. Lo he visto a veces en Portugal, y siempre me ha producido una sensación de vacío, porque, aunque la faena hubiera sido fenomenal, la imagen que se me quedaba grabada era la del toro humillado, roto, saliendo entre dos mansos.

Barceló: El toro sólo puede morir dignamente en la plaza. Lo demás resulta patético y humillante, porque lo matan igual, pero a escondidas...

Esplá: Sí, sobre todo porque en esa escena final el toro pierde toda su arrogancia, y lo dejan en manos de los cabestros, como un obrero que cae de un andamio y lo meten en una ambulancia...

Barceló: Volviendo a eso, lo mejor es ser matador de toros, mucho más que torero. Es un título honorífico. Casi podría dar envidia esa manera de concluir. En cambio, para un pintor no existe ese final.

Esplá: Tenéis otras ventajas. Por ejemplo, el tiempo juega a vuestro favor. Para los toreros, el tiempo juega en contra. Con el tiempo, declinamos, y eso es una putada...

Barceló: Sí, pero también permite aprender. Por ejemplo, tu toreo para ti es un toreo repleto de memoria, de saberes acumulados. Claro está, ya no tienes la forma física de tus veinte años, pero...

Esplá: ¡Esto mío ya no tiene remedio! Es tremendo, porque cuando de cabeza estás en tu plenitud, las piernas las tienes hechas polvo.

Barceló: Para eso tienes otro trabajo...

Esplá: Sí, con la pintura puedo morirme de hambre, gracias... *[Risas.]*

Francis Marmande: Todos los puntos que han tocado ustedes abarcan ámbitos fundamentales del pensamiento, el psiquismo, la geometría pasional, la forma de los deseos, esos cambios de terreno... Y me parece vital lo referente a la muerte del toro. Si no hay muerte, el toro queda inmediatamente desacralizado. Inspira todo cuanto no inspira en la lidia, es decir tristeza y una emoción que ya no guarda relación con su gloriosa animalidad, sino con su animalidad herida. Y, si recibiera ese trato al final, todo lo que ha acontecido antes quedaría invalidado por completo, perdería todo sentido.

Han partido ustedes de lo que tienen más en común, y que probablemente sea lo más problemático: la cuestión de la materia, del material, ligado no obstante a la forma más sensible –en el sentido filosófico– más palpable, mensurable, que suscita un antagonismo extraño, sutil, dialéctico, refinado, con el aspecto imaginario virtual.

Han esbozado cierto número de supuestos sobre la animalidad, y la relación humana que el torero, el artista, mantienen con la bravura, con la animalidad, el propio cuerpo del toro, su mirada, su aspecto físico, fisiológico, siempre en ese espacio claramente delimitado por el torero y el pintor.

Barceló: Cuando tenía unos veinte años, todos los cuadros que pintaba me representaban a mí, pintando en mi taller. Se me antojaba absurdo pintar otra cosa, no tenía sentido. Y en un taller todo es posible. Yo soy del campo, como Esplá; siempre ha habido animales en mi vida. Actualmente, en mi casa, tengo vacas, asnos, cerdos, y en mi taller siempre ha habido perros y gatos. Así que, del modo más natural, comencé a representar a esos animales en mi taller. Y también a representar al pintor como animal. Porque cuando me veía pintar a cuatro patas en el suelo, aquello era más una postura de animal que de pintor; tenía poco que ver con la iconografía habitual del pintor sentado ante su caballete. Ni siquiera era como Jackson Pollock, que arrojaba la pintura sobre el lienzo, sino que me ponía abiertamente a cuatro patas, ¡una amalgama de cerdo y de lobo! Por eso muchos de mis cuadros de aquella época me representan como pintor-perro, pintor-animal. El reflejo del pintor en el lienzo era un animal. Algunos se percataron de ello tiempo después. Por lo demás, el animal es una imagen habitual en mi trabajo; casi instintivamente, tiene una presencia comparable o superior a los seres humanos: no existe jerarquía alguna de valores. Lo más importante para mí es el hecho de la transformación del artista en animal. No su representación: nunca he pretendido representar nada. Es otra cosa; algo más intenso, un modo de ocupar el mundo. Un taller es como un mundo; todo es posible en su interior. Un material en transformación: la pintura se transforma en escultura, la escultura en cuadros. Es una metamorfosis permanente. También los libros aparecen en los cuadros en los que pinto mi taller, porque forman parte de mi vida. Es como una especie de jaula que lo contiene todo y, en el centro, la figura del animal. Esa animalidad es sin lugar a dudas mi principal instrumento de trabajo.

J.-M.M.: Pero las más de las veces, en sus cuadros, los animales están muertos...

Barceló: No sé... A veces, hay que matarlos. Pero eso ya es otra cosa, es cuando los animales se transforman en alimento. Aunque a veces, también, se hacen los muertos: como si estuvieran en una representación teatral y fingieran estar muertos, pero en realidad no lo están. Si no, son puro alimento. Claro, luego están los peces, con el vientre abierto... Pero ese tránsito del animal al alimento es la misma química que la pintura, cuando ésta pasa de la pasta informe, de sopa removida en la que se pone un poco de todo, para transformarse en piel de Venus. Y creo que es sumamente útil ser uno mismo un animal para realizar esa metamorfosis. Es interesante, porque esas cosas no las hemos acabado de comprender del todo. Las intuimos, y siempre tienen más interés que las que comprendemos. En los toros, al igual que en la pintura, hay algunos elementos puramente metafísicos y otros profundamente inexplicables. Existe lo que provoca emoción, pero las conversaciones sobre toros son algo asombroso, más allá de la metafísica y...

Esplá: Lo mismo ocurre con la pintura. En todo eso, hay una especie de reminiscencia ancestral: ¡los hombres de las cavernas también pintaban así! Yo, para comprender el terreno de los toros, desciendo hasta lo más profundo de mí mismo: para comprender esa animalidad, para saber cómo interpretarla, tengo que descender hasta lo más profundo de mí mismo, buscar al animal que está ahí, para pensar como él. Tengo que dejar que ese animal aflore para saber cómo piensa el toro. Creo que lo mismo hizo el primer hombre que comenzó a pintar esas primeras representaciones, tan mágicas; siempre he pensado que el hombre se dejó descender al estado animal para alcanzar esa representación tan exacta. Tú, cuando pintas, ¿adoptas esa imagen mental, te ves como un animal?

Barceló: Sí, es necesario, sin duda. Pero tú conoces tan bien los toros porque vives con ellos; muchas veces te he oído hablar de tu relación con ellos. Como torero, te enfrentas cada día a ellos, pero también los crías en tu finca.

Esplá: Sí, necesito esa experiencia orgánica. Participar en el cosmos del toro. Es como un descenso a la zona oscura de uno mismo, esa que, como dices tú, no podemos explicar. Lo que pasa es que los hombres poseen la facultad de convertirlo en algo estético, pero en el fondo son experiencias fundamentales, ligadas a lo más puro y animal que hay en nosotros.

Barceló: Por eso son tan importantes. Por eso somos capaces de hablar durante horas de cosas que no pueden decirse. Resulta casi frustrante dar tantos rodeos en torno a ellas sin poder decir más, cuando sabemos que es trascendental y que es lo que convierte al toreo en un arte.

[Transcripción del encuentro-debate entre el pintor Miquel Barceló y el matador de toros Luis Francisco Esplá que tuvo lugar el 18 de mayo de 2002, en el marco del cincuentenario de la Feria de Nîmes, organizado por el Comité Regional de Cultura de Languedoc-Roussillon y moderado por el escritor Francis Marmande.]

Javier Chapa

El pregón de Sevilla
Mario Vargas Llosa

La Feria de Sevilla no sería lo que es sin los tendidos de la Real Maestranza llenos de bote en bote, convertidos en un ascua, y una muchedumbre de sevillanos concentrada allí, expresando su contento o su enojo con lo que hace en el ruedo, sobre ese albero color de miel, el torero con los toros (o los toros con él). La fiesta de los toros, la fiesta por antonomasia, no sería lo que es sin Sevilla y sin la Real Maestranza, y sin la sabiduría y la gracia que le han aportado secularmente los diestros y aficionados sevillanos. Los toros son un ingrediente tan esencial de esta Feria como el sol, el vino, la música o la picardía que refulge en los ojos de las sevillanas. Pero, a diferencia de lo que ocurre con la danza, el canto o las hijas de esta tierra a cuyo hechizo se rinden todos, la fiesta de los toros no ha merecido, ni merecerá nunca, la aprobación general. Junto a sus partidarios, siempre habrá recusadores que la condenen por bárbara.

Uno de sus más enérgicos objetores es, quién lo hubiera dicho, el coronel Muammar Gadaffi, amo y señor de Libia, quien, en una reciente reunión de jefes de Estado y de Gobierno en El Cairo, la puso como ejemplo de la crueldad occidental. No deja de conmover esta manifestación de susceptibilidad zoológica en boca de quien ha hecho de su país una satrapía, y ha gastado buena parte de los beneficios del mar de petróleo que subyace en los desiertos de su país financiando organizaciones terroristas que vuelan inocentes aviones, asesinan adversarios y pretenden imponer a sangre y fuego el fanatismo religioso y político. Lo que personas como el coronel libio, y quienes, como él, se conduelen por la suerte del toro de lidia, no llegan a comprender es que la corrida de toros, fiesta cruel, en efecto, está transida de respeto, admiración y cariño por el «mentido robador de Europa» de Góngora, y que, detrás de cada corrida, hay años de desvelo y devoción hacia el toro, y que, por eso mismo, los países que, como España y México, han mantenido viva la tradición taurina –cuyos antiquísimos orígenes se remontan a los albores de la civilización mediterránea, y que algunos hacen llegar hasta el laberinto de Creta donde Teseo, el primer espada, dio muerte al Minotauro– son también países donde la cría del toro es mucho más que una necesidad, profesión o negocio: una vocación, un arte y una pasión.

La fiesta de los toros es cruel, como lo son todos los deportes que incluyen la participación de animales, y como lo son, en todas sus instancias, la caza y la pesca, y como lo es, inevitablemente, esa ley de la naturaleza que hace que la vida se nutra de la vida, que el precio de vivir sea morir. La civilización ha atenuado esta realidad, pero no ha podido ni podría suprimirla.

La fiesta de los toros –un arte, una ciencia, un deporte y una ceremonia– es la única, dentro de la inmemorial cultura de los ritos sagrados de la ofrenda y el sacrificio de la que forma parte (aunque, en la actualidad, aquella entraña religiosa con que debió nacer se haya eclipsado), en la que el victimario se enfrenta a la víctima sin otra defensa que su destreza y su intuición, dándole todas las ventajas a la fuerza, exponiendo su integridad y su vida. Ver en esto sólo un alarde de valor es insuficiente. En verdad, en este exponerse con apenas un trapo rojo en las manos a las astas de esa bravía montaña de cuatrocientos o quinientos kilos de nervios y músculos educada para embestir y matar anida un resquemor ético, de hidalguía, de escrúpulo y solidaridad, una recóndita búsqueda de la paridad, de compartir el riesgo, de dar también al adversario la oportunidad de vencer. Y así ha ocurrido muchas veces, como atestigua la larga lista de toreros, peones, banderilleros y picadores heridos o muertos en las corridas y las cicatrices que, casi sin excepción, lucen los cuerpos de los oficiantes de la fiesta.

No todos ellos recuerdan estas heridas y traumas en el ruedo con el humor y la franqueza con que, en un delicioso librito dedicado a la fiesta taurina, *Casta de toreros,* mi compatriota Felipe Sassone evocó las cornadas y empellones que recibió en sus largas andanzas de torero señorito y, casi casi, profesional. Su trayectoria tauromáquica iba sobre ruedas hasta aquel malhadado volapié que, en vez de acabar con el astado, por poco no acabó con él: el toro lo aventó por los aires como una pelota y desde allí cayó en picada don Felipe Sassone, y aterrizó en la arena rubia, desbaratado, con la ridícula impresión de no ser ya más un hombre, sino una mazamorra. Siguió toreando algún tiempo más, pero cada vez peor, pues no pudo sacarse nunca más de encima, a la hora de matar, un miedo cerval, un pánico paralítico, no tanto a una posible cornada, sino a una nueva brutal ascensión por las escalas del aire, en contra de la ley de la gravedad, que, por unos segundos eternos, le hiciera ver otra vez la plaza, sus peones y al toro al revés, es decir, boca abajo y desde arriba, y pensar que algo grotesco estaba ocurriendo en el mundo, donde todo, de repente, al desgaire de un volapié, se había puesto de cabeza. La humillante experiencia acabó con su vocación taurina, a la que reemplazó por la más estentórea de cantante de ópera, y, finalmente, por la absolutamente benigna de escribidor. Pocos comentaristas han descrito como el olvidado Felipe Sassone, con tanta hondura y gracejo, la función del coraje y el pundonor de que hacen gala los hombres, y ahora también las mujeres, que, vestidos con un traje de luces, salen al ruedo a lidiar a los toros.

Sin embargo, el valor no es el alma de la tauromaquia. Acaso lo sea, más bien, el miedo. Ese miedo –el más humano de los sentimientos– que el diestro debe frenar, administrar, ir venciendo y olvidando a medida que su sabiduría y su arte van dominando a su adversario y sometiéndolo a su voluntad, a su juego, a sus maleficios, hasta conseguir implantar en el ruedo la ilusión de que todo peligro ha desaparecido, que lo que comenzó siendo un desafío de sangre y de muerte se volvió danza, ceremonia, plástica, teatro, ritual. Cuando un torero alcanza a llevar la faena a ese nivel de compenetración, complicidad e inteligencia entre él y su adversario, la fiesta logra su densidad esencial: su belleza y misterio estallan a plena luz, y el espectáculo nos arrebata, acercándonos por unos instantes de eternidad, como ciertas elegías de Garcilaso o sátiras de Quevedo o alegorías de Góngora, o la música de Mozart y Beethoven, o la perfección de *Las*

Meninas de Velázquez o las visiones de los frescos de la Quinta del Sordo de Goya, al absoluto, esa súbita revelación de lo que somos y de lo que es la entraña de la vida, su sentido profundo, alquimia impalpable que nos justifica y nos explica.

No todos tienen por qué sentir y entender los toros, como no todos los seres humanos comprenden la poesía, la música, la pintura, y gozan con ellas. Es perfectamente legítimo que así sea, puesto que el rasgo primordial de la existencia es que seamos diferentes, que a unos exalte, alegre y emocione lo que a otros aburre, desmoraliza y entristece. Entre todas las artes, acaso la más difícil de explicar racionalmente sean las corridas de toros, una fiesta que no conquista jamás, en primer término, la inteligencia y la razón, sino las emociones y sensaciones, esa facultad de percibir lo inefable, lo innominado, que fraguan la sensibilidad y la intuición, exactamente como ocurre con la poesía o la música. La literatura puede llegar a ser explicada e inculcada gracias a la enseñanza y el estudio. Los toros, no. El conocimiento requiere, en ellos, un terreno espiritual previamente abonado. Por más rigurosa y exacta que sea la descripción de un pase natural, de una verónica, de una gaonera, de un par de banderillas puestas con arrojo y buena maña, no servirá un ápice para hacer vibrar de emoción, cortarle la respiración y poner el alma en suspenso al indiferente o al alérgico, ni para que comprenda por qué reacciona así el aficionado cuando aquellos pases o suertes son ejecutados con elegancia por un diestro que, fiel a su apelativo, ha llegado a enseñorearse con el toro que lidia. Un sordo no puede disfrutar de la música ni un ciego rendirse al llamado de las artes plásticas. Las corridas de toros no tienen por qué entusiasmar a todo el mundo; ellas requieren una predisposición anímica, que sin duda tiene que ver con la tradición y la cultura del medio en que se nace y se vive, pero, acaso sobre todo, con propensiones y rasgos psicológicos y emotivos particulares de cada individuo.

El Perú ha mantenido muy viva la afición taurina que llegó con la primera oleada de conquistadores, tanto que una leyenda pertinaz, difundida por don Ricardo Palma en una de sus tradiciones, desmentida en vano por los historiadores, asegura que don Francisco Pizarro, con sus setenta años y todo, mató a rejonazos el segundo torete de la primera corrida celebrada en el Perú, en 1540, en la Plaza Mayor de la Ciudad de los Reyes fundada por él. Desde entonces ha habido toros y afición por ellos en Lima, ciudad que, desde 1766, y gracias al virrey don Manuel Amat y Juniet –el simpático viejo verde de los amores con la Perricholi–, tiene una preciosa plaza de toros, la Plaza de Acho, la segunda más antigua del mundo, uno de los monumentos coloniales que con más donaire han resistido la usura del tiempo, los sacudones de los temblores y la vesanía de los urbanistas.

Pero yo no descubrí las corridas de toros en la Plaza de Acho de Lima, sino en Cochabamba, la ciudad boliviana donde pasé mi infancia. En la casa familiar de Ladislao Cabrera, donde habitaba la bíblica tribu de los Llosa, se hablaba mucho de toros, y se recordaban corridas célebres, y entre tíos y abuelos había eruditas discusiones sobre cuál de los dos grandes diestros –Juan Belmonte o Joselito, que habían toreado ambos en Lima– era el me-

Javier Chapa

jor. La familia se inclinaba por el coraje de Belmonte más que por la ciencia de Joselito por razones algo chovinistas, pues el diestro de Triana estaba casado con una peruana, y, también, porque, por una razón inextricable que nunca averigüé, un capote suyo –o supuestamente suyo– había llegado a manos del tío Juan. Ese capote, de oro y grana, era algo así como un objeto totémico de la familia. Se lo sacaba del baúl con naftalina que lo protegía de las polillas sólo en extraordinarias ocasiones, y a mí y a mis primas, los niños de la casa, sólo nos permitían contemplarlo a la distancia, como una prenda religiosa, destinada a la veneración.

De modo que aquel domingo por la tarde, a mis nueve años de edad, en que de la mano del abuelo Pedro subí a pie las faldas de ese pequeño cerro llamado El Alto por los cochabambinos, donde estaba el coso de la ciudad, para asistir a mi primera corrida, ya tenía yo la cabeza y los sueños llenos de toreros. No recuerdo quiénes toreaban, ni qué ocurrió en el ruedo, ni si los toros lo eran, o novillos. Recuerdo, en cambio, con fulgurante nitidez, mi concentración, mi fiebre, con el espectáculo. Con lo que vi en el redondel, y con lo que presentí a partir de lo que vi, las infinitas posibilidades de gracia, valentía, invención y brujería, de garbo, hondura y pinturería que me hizo entrever, como por una rendija un áureo tesoro, el simulacro al que asistía. Entonces, esa misma tarde comuniqué al abuelo Pedro que, en vez de ser aviador como Bill Barnes, o mago como Mandrake, o Tarzán de los Monos, sería el Manolete del Perú. «No se lo contemos todavía a la abuela», aprobó mi cómplice. «Antes, tenemos que prepararla.» Mi decisión de hacerme matador de toros fue fugaz, y sólo llegué a torear unos astados metafóricos —sillas, mesas, escobas, una cabrita de Santa Cruz que daba topetazos y a mis sacrificadas primas Nancy y Gladys—, pero, eso sí, la afición por la fiesta perduró, y se ha conservado con las corridas que he visto por el mundo. Y por eso, con toda esta experiencia acumulada, puedo decir, con imparcialidad, que los toros en la Real Maestranza, durante la Feria de Sevilla, son una de las más soberbias manifestaciones de creatividad, brillo artístico y alegría popular de la fiesta. Quien no ha disfrutado de este espectáculo no sabe todavía los extremos de felicidad, jolgorio, entrega y colorido que pueden alcanzar las corridas de toros.

Todas las plazas de toros suelen tener —como dicen que tienen los espigones que rompen las olas del mar— una personalidad. Unos tics, caprichos, cualidades y defectos. La Plaza de Toros Monumental, que se construyó en Lima en los años cincuenta, con la pretensión de reemplazar a la Plaza de Acho, nació condenada por los dioses que allá arriba, o acá abajo, deciden el destino de la tauromaquia, y que sin duda están asesorados por las almas de los toreros inmolados en el ruedo. Pues bien, ellos decidieron que la Plaza Monumental —un homenaje al cemento armado— nunca serviría, y, desde la primera corrida, la gafaron. Unos ventarrones traicioneros la arrebataban apenas vibraba el primer clarín, y toda la inteligencia y el empeño de los matadores debían afanarse no en lidiar a los toros, sino en escapar al abrazo trapero, ridículo y mortífero, de los capotes y muletas que los envolvían y anulaban por obra de las ráfagas inclementes del viento silbador, que se llevaba monteras, mantillas, adornos, puros, despeinaba a las señoras y arrojaba puñados de polvo cegador a las caras de toros y toreros. Matadores y público llegaron a detestar la Plaza Monumental, que terminó abandonada y degradada en estadio universitario, derrotada en toda la línea por la cálida atmósfera criolla y el buen sabor taurino de la Plaza de Acho.

Sin embargo, cometo una injusticia al hablar con ironías de la Plaza Monumental de corta e infausta vida, pues en ella pasé también muy buenas tardes. Desde sus tendidos vi torear por primera vez a Luis Miguel Dominguín, que fue uno de mis ídolos, a quien vi también, en una Feria de Octubre en la que, creo, ganó el Escapulario del Señor de los Milagros, darse de bofetadas en el ruedo con el argentino Rovira ante los ojos desaprobadores del toro que uno de ellos lidiaba. Y vi a los niños mimados del público limeño, los hermanos Bienvenida, y allí aplaudí a rabiar, varias veces, al lidiador que más he admirado, al maestro del toreo profundo, del pase sosegado y esencial, al dueño del espacio y del temple: Antonio Ordóñez.

La Real Maestranza tiene una historia, una leyenda, una chispa y un salero archisabidos. Y tiene, también, esos escalofriantes silencios metafísicos que sólo ella produce entre todas las plazas del mundo. Esos silencios que, en ciertos instantes privilegiados de una faena, consuman algo imposible de explicar: una abolición del tiempo, un éxtasis colectivo, un pasmo ontológico. Normalmente, el silencio es lo opuesto del ruido, una mudez, la desaparición de la palabra, de la exclamación, del grito o del suspiro, un vacío auditivo. Pero los silencios de la Maestranza son una forma suprema de la comunicación, una manera depurada hasta la ausencia de expresarse, mediante la cual, con una coincidencia prodigiosa y simétrica, millares de personas súbitamente enmudecen, se ausentan, se descorporizan, para, convertidas en pura admiración y asombro, aureolar e intensificar con ese marco de expectación y de respeto supremos la perfección de una faena, la maestría de unos pases, o, a manera de premonición de una hazaña inminente, de una ocurrencia excepcional. Esos silencios desconciertan y dan algo de miedo, porque en ellos parece rasgarse alguna veladura vital, y asomar nuestra condición perecedera, ese destino mortal del que tratamos de evadirnos a través del arte, con obras que nos perpetúen, o que, como el teatro o los toros, en el ápice de su efímera belleza, nos sublimen y arranquen por unos instantes de la fealdad y miserias de la vida. Esos silencios sobrevienen a veces para premiar algo que está sucediendo en el albero, pero resultan todavía más inquietantes cuando son premoniciones, anuncios de que algo extraordinario se prepara, algo que muy pronto empezará a ocurrir y a maravillarnos, un logro o milagro que, parecería, ese silencio locuaz, colectivo, precipita e impone. Y ese es el caso, a menudo: la lidia adquiere un estado de absoluta armonía entre el toro y el torero, que, como atentos a una rigurosa coreografía, con minuciosa sincronización, se acercan, rozan, tocan, alejan, trazando impecables geometrías, en torno al trapo rojo que los separa y que los une en una danza donde, como en el poema de Lautréamont que los surrealistas convirtieron en divisa, dejan de ser irreconciliables los contrarios: el hombre y la bestia, el ingenio y la fuerza, la vida y la muerte, el odio y el amor. ¿Cómo, cuándo, dónde, por qué nacieron los silencios de la Maestranza? Nadie me lo ha podido explicar. Pero ellos no son una fabricación de la proverbial fantasía andaluza: existen y su existencia da como un baño de espiritualidad, de trascendencia, a la fiesta de los toros.

Entre las muchas facetas de que está edificada la vida y milagros de la Real Maestranza está, también –vaya rareza tratándose de una plaza de toros–, haber practicado el arte de la tercería, o celestinaje, prohijando esos amores culpables, no matrimoniales, entre la afición sevillana y Curro Romero. Esos amores son tan perentorios, tan disforzados, tan eróticos –rozan la pornografía, a veces– que sólo cabe imaginarlos como improcedentes, prohibidos y pecaminosos. (Confesémoslo en voz baja: esos amores son los más artísticos.) Curro Romero es un gran torero, qué duda cabe: está lleno de experiencia y habilidad, sabe al dedillo los secretos de su oficio, y en su prestancia, en su manera de presidir la cuadrilla, de saludar, de brindar, de citar al toro, de llamarlo al engaño, de adornarse, revolar el capote o adelantar la muleta, se trasluce mucho del regocijo, el señorío y la elegancia de sus paisanos. Pero ver torear a Curro en la Real Maestranza es un espectáculo que se desdobla en dos: el del toreo y el del amor compartido y exhibido sin vergüenza, el del espada cuyas acciones y desplantes se ven enriquecidos por la calidez del sentimiento que, como un efluvio, mana de los tendidos hacia el albero, incitando al diestro a triunfar, a doblegar a su adversario; y el del artista que, potenciado por el mimo y el halago, por la fe y el cariño que suscita, se empeña y multiplica. He visto torear a Curro Romero en muchas plazas, en buenas o malas tardes; pero sólo en la Maestranza, y sólo a él, lo he visto torear, haciendo al mismo tiempo el amor con tanta gente.

La fiesta de los toros es una fiesta popular. Tiene sus aristócratas y sus exquisitos, sus eruditos y su élite, sus sabelotodos inaguantables que presumen de omnisciencia taurófila y desprecian al mero aficionado que sube al tendido a emocionarse y a aplaudir, y sus puristas y tradicionalistas que se resisten a admitir la menor innovación o adaptación a los tiempos, y está muy bien que ella despliegue en torno toda esa espuma de refinados y superlativos que le añaden color. Pero ella es, ante y sobre todo, una fiesta popular, a la que imprimen la poderosa corriente de vida y de entusiasmo que la sustenta, y su autenticidad y su energía, los miles de millares de hombres y mujeres de toda suerte y condición que en ella gozan y se encuentran y reconocen y fraternizan en la emoción compartida, en la explosión del aplauso o el flamear de los pañuelos pidiendo un trofeo para el diestro que cumplió, o en la silbatina y el abucheo al que defraudó, sentimientos elementales y volubles que se vuelcan con una libertad y una sinceridad ya casi ausentes en todas las otras manifestaciones colectivas, sobre todo las de los deportes, empezando por el fútbol, donde, a diferencia de lo que ocurre con la fiesta de los toros, el aficionado no va a admirar lo digno de ser admirado y a silbar lo indigno, lo feo y la chapuza, sino a hacer una exhibición de partidarismo regimentado: aplaudir y vitorear las jugadas del equipo propio y abominar y negar las del contrario. Por eso, el fútbol ya no tiene aficionados; sólo hinchas, es decir, partidarios, y, a menudo, fanáticos. En los toros todavía se conserva viva esa imparcialidad del amante de las artes, que entra a un museo, abre un libro, se acomoda en la sala de conciertos o de danzas, con el ánimo dispuesto a dejarse subyugar, y que sólo muy a su pesar se resigna a desaprobar lo que ve, lee o escucha, cuando no responde a sus expectativas. El aficionado a los toros quiere que todos los toreros triunfen en el ruedo, que todos, en cada una de las suertes, se superen a sí mismos y lo maravillen y solivianten de emoción, y por eso se entrega al entusiasmo luego de una gran faena, sea quien sea el torero que la ejecute, con una pasión y un desborde que sólo se ve ya en los grandes conciertos o en las óperas. Hay algo que viene de muy lejos en la historia de la civilización, en esos estallidos formidables de alegría y felicidad que sacuden ciertas tardes las plazas de toros, una reminiscencia de antiquísimas celebraciones populares, cuando la fiesta era inseparable de la magia y la superstición, cuando no estaba aún bien demarcada la frontera entre el ser humano, el animal y los dioses, y todos ellos se entremezclaban, en el marco de esas representaciones colectivas donde la vida y la muerte se codeaban, y este mundo y el otro mundo eran todavía uno solo, y el cuerpo y el espíritu no estaban divorciados, y no había pudores ni tabúes que prohibieran gozar y divertirse, sino, por el contrario, donde el goce, la embriaguez, la danza, el amor físico, en vez de amenazar la salud espiritual de los hombres, los acercaba a los dioses. Una oscura añoranza de esos tiempos bárbaros, anteriores a la historia, los del mito y la gesta, cuando la vida era mucho más precaria y violenta, pero, también, más intensa y completa, sin las renuncias, frenos y prohibiciones que exige la vida en común, anida en la afición por la fiesta de los toros, que viene de allá, de aquellos lejanísimos confines de la humanidad, cuando ésta empezaba a balbucear y a andar, en este astro aún desconocido para ella, por ese largo camino que la llevaría al cabo de los siglos a conquistar la materia y a volar hacia las estrellas. De alguna manera, en el juego que juegan el toro y el torero en el círculo mágico del redondel nos asomamos a ese pasado del que venimos, nos acercamos a los ancestros y descubrimos que, aunque las apariencias digan lo contrario, no hemos cambiado tanto, ya que, por debajo de las capas de modernidad que nos hemos echado encima, mucho de lo que a ellos admiraba, alegraba o atemorizaba todavía nos maravilla, exalta o asusta, y que, a fin de cuentas, los gigantescos conocimientos que hemos ido adquiriendo no han sido suficientes para matar en nuestros espíritus esa infantil inocencia con que un simple quite bien dado, un adorno, un farol, un pase, un engaño, un desplante, una filigrana del diestro ante la fiera, bastan para colmarnos la vida.

Y, ahora, basta de palabrerías. Pongamos fin a esas fantasías y digresiones de la literatura, que algo menos individualista, más crudo, más primitivo, más tangible y urgente nos llama. La fiesta va a comenzar.

[Pregón pronunciado por Mario Vargas Llosa en Sevilla, el 23 de abril de 2000, en el teatro Lope de Vega, para inaugurar la Feria.]

El zapatero en sus zapatos

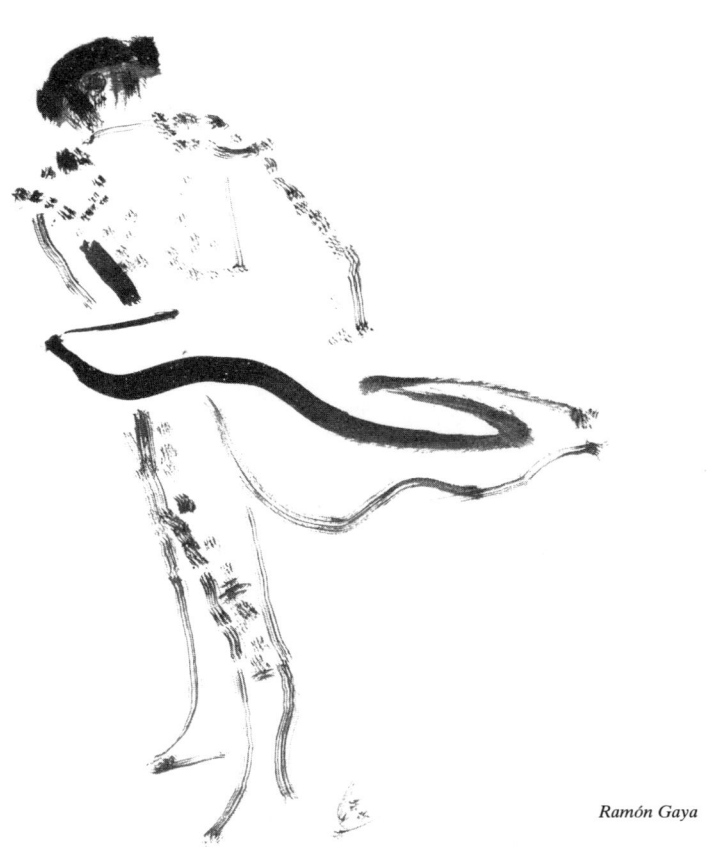

Ramón Gaya

El aviso
Rafael Gómez el Gallo

En eso de los avisos y las broncas hay mucha historia y mucha leyenda. El aviso no tiene razón de sé, por ningún aspecto que se le mire. Hay toros donde los avisos se ven desde el primé muletazo. Y otros toros que se les ven vení y se está muy a gusto con ellos, y ni aviso ni ná. Quiero decirle que el aviso no se lo dan a un torero porque sea malo o porque el toro sea de mucho peligro. Que esto del aviso se podía suprimí y la fiesta no perdería ná con no tenerlo.

Yo me acuerdo –hace ya muchos años– que toreaba una tarde en Madrid Luis Mazzantini. Alternaba yo con don Luí. Y siendo, como era, don Luí tan güenísimo torero, cuando el alguací lo buscaba por el callejón –ya sabe usté, amigo, que en Madrid los avisos los daba el alguací– pa darle las señas con los deos, vio Mazzantini que le enseñaba un deo, como diciendo que era ya er primero. Y don Luí lo miró y dijo por lo bajo:

–¿Y por qué no me da ya el tercero? Si ya es igual.

Y es que, oiga usté, amigo, cuando un toro se pone pesao, no lo mejora nadie. A mí, particularmente, los dos toros más malages, con los que más he trabajao en mi vía

Javier Chapa

de torero, fueron: uno de López Navarro, en Madrid, y otro de Murube, que se me fué, en Barcelona, vivito a los corrales... ¿Y qué? ¿Adelantó algo el presidente con tenerme allí hasta que se lo llevaron pa entro? Y el público, ¿qué? Lo que pasa, cuando los presidentes le dan a uno más tiempo a vé si pué con el toro, es que el público se pone a gritá con más fuerza; y el presidente, más nervioso; y el torero, que más vale que se lo tragara la tierra.

Yo suprimiría los avisos. Pondría –qué sé yo– unas especies de señales pa que el espá se comunicase con el presidente. Y se dijeran entre los dos *lo que hay* cuando un toro está pesao. Y *lo que hay* es que lo mejó es que se lo lleven al corrá, porque cuando llueven los pinchazos no los para nadie.

Yo recuerdo que aquel toro, de Murube, estaba duro como el hierro. Le entraba por el cuello, por los costillares, por las patas, el rabo, por tos laos, y allí no entraba la espá. Estaba duro como una piedra de esas del tiempo de los mamús.

Lo que hay que hacé es lidiá, atoreá. Pero sabiendo pa lo que sirven los capotes de briega. No tené en la frente metío el cortijo y er coche y los guantes de cabretilla y er paseo por las calles del centro. Tené delante er toro, que es el enemigo. Torearlo, y si luego vienen los pinchazos y a usté, amigo, le tocan un aviso, mala suerte. Es que er toro se ha puesto como el hierro.

[Publicado en la revista *El Ruedo* (Madrid) en 1945; aparecido en *Quites,* n.º 3 (1984).]

Antonio Domènech

La tauromaquia
Ignacio Sánchez Mejías

Vamos a hablar de Tauromaquia que es la ciencia del toreo y del toreo que es la ciencia de la vida. Saber torear es saber vivir. Cierto es que en Tauromaquia cada concepto produce un inmenso campo de consecuencias. Pero antes de seguir adelante con ellas analicemos el toreo español que se practica en las llamadas plazas de toros y, para ello, comencemos por analizar, certera y detenidamente, los elementos que lo componen.

[El toro y el torero]

El toro es el que embiste, el que acomete, el que quiere enganchar al torero para herirlo o matarlo. El toro es el peligro, la muerte, la muerte que nos rodea por todas partes, que nos busca o que nos espera, que nos acecha o que nos viene al encuentro. El torero es el que sortea el peligro, el que engaña a la muerte traficando con ella, el que crea unas reglas, un arte para no morir. El que se enfrenta con el toro, con el peligro, con la muerte y en sus mismos hocicos elabora su triunfo, conquista su gloria, accede a su bienestar.

[El caballo]

El caballo pacta con el hombre contra el toro, pacta contra la muerte. Yo presencié un diálogo que voy a referir palabra por palabra, letra por letra. *El hombre:* Necesito de tu ligereza para herir a la muerte en el morrillo. *El caballo:* Cuenta conmigo. Yo corro más que ella, pero es preciso que me guíes. *H:* Yo te llevaré por la boca y te impulsaré por los ijares. Respondo con mi vida de la tuya. *C:* Conforme. *H:* Conforme. Después los hombres y los caballos, «informales» en su trato, se engañaron los unos a los otros de modo que unas veces moría el caballo y otras el hombre. Sin embargo, un hombre y un caballo, si van de acuerdo, siempre triunfan de la Muerte.

[El capote]

El capote es un trozo de seda de colores vivos que sirve para llamar la atención del toro, para atraerlo, para invitarlo al juego, a la lucha. También sirve para trastearlo, para adivinar sus intenciones, para establecer la categoría del peligro. De la misma manera que el toro abanto corretea, va y viene de un lado para otro, hasta que se encuentra con nuestro capote, así la idea vagabunda un día se detiene en nuestros pensamientos. El capote en suma es la imaginación del torero.

[La pica]

La garrocha del picador hiere suavemente al toro en el morrillo, que es el sitio de su muerte, mientras los cuernos tiran sus cornadas mortales al aire. La herida es como un carril, una vereda que se abre para que camine nuestra seguridad, es como el túnel que hace posible el recorrido por debajo de la Muerte, por debajo de la nada hacia la Vida, hacia el Ser. «Ser o no ser»: he aquí la disyuntiva de todo picador, que es la misma de todo aquel que trafica con la muerte.

[Las banderillas]

Son las flores que el torero fácil, el torero dominador, el torero seguro, pone esquivando la muerte. La suerte de banderillas a cuerpo limpio es la manifestación poética del lidiador que la practica. No es comúnmente ni práctica ni útil, es sólo un derroche de alegría infantil que se descara inconsciente ante el peligro. Si son de fuego –cosa que se elige cuando el toro es manso– es una provocación para que surja la furia; un deseo perverso como el ritmo ensordecedor que imprime el alcohol a la cultura de los negros.

[La muleta]

Es la herramienta de los trabajadores del valor. El que la domina, sabe manejarla y conoce sus secretos es el único que juega tranquilo con el peligro, con la muerte. La muleta es el pararrayos de las cornadas, la «maquinilla» donde va la muerte a estrellarse.

[El estoque]

Es el rayo de plata y de sangre que alza, en la mano derecha, todo el que triunfa sobre la muerte.

[La puntilla]

Es el cuchillo carnicero que se clava en la nuca del toro rebelde. Este enemigo «marrajo» es la muerte moribunda que se empeña en estropear nuestro triunfo con las malas artes de la resistencia.

[La plaza del mundo]

El mundo entero es una enorme plaza de toros donde el que no torea, embiste. Esto es todo. Dos inmensos bandos: manadas de toros y muchedumbres de toreros, y en consecuencia, es la lucha por nuestra propia vida la que nos obliga a torear. Nunca puede decirse que el público no actúa pues siempre tiene su turno. Al público lo forman todos cuantos están de vacaciones y cada individuo que lo constituye tiene su turno para bajar al ruedo del mundo. Hay que exceptuar, naturalmente, a Sancho Panza. Sancho Panza no es el actor sino el espectador eterno, estático y sin rostro. Sancho Panza es público puro, es el estómago del arte de torear. Don Quijote por el contrario es la perfección suma de la tauromaquia, el mejor de los toreros españoles. Toda su fortuna la ganó con los toros, la hizo toreando, lidiando al peligro, a la muerte, a la Nada. Triunfa Don Quijote de los toros aun a costa de Sancho, su enemigo. Sancho Panza es el mayor enemigo de la tauromaquia porque en ella es el estómago lo que más peligra. Las cornadas en el vientre son mortales de necesidad. Y Sancho no quiere morir nunca. Don Quijote torea con la izquierda y con la derecha, pica y banderillea, lidia y mata. A esta lucha eterna se llama lidiar o torear un cuerno que quiere clavarnos la punta de su muerte.

[El público]

Va al sol o a la sombra. El sol es la localidad barata e incómoda que casi siempre está a la izquierda de la Presidencia y la frecuenta el pueblo. La sombra es la localidad cara, confortable y presumida, a la derecha, y la frecuenta la aristocracia, los militares, el clero y las mujeres. Las mujeres en todos los espectáculos de la vida tienden a acomodarse a la sombra, entre el clero y la aristocracia, frente al pueblo. Si alguna vez se subleva contra la tradición salta del ruedo por encima de la barrera entregándose sola a la lidia.

La tauromaquia está presente desde el pasado. Así, cuando la civilización romana agonizaba por falta de virilidad y sobra de sentimiento caritativo, por apego o egoísmo de la vida y miedo a la muerte, sale de los chiqueros del centro de Europa el toro negro de los bárbaros o el toro sanguinario de los germanos. La lidia es el único arte que conoce reglas para la evolución y para la revolución.

[La bravura]

El toro bravo tiene un sitio para nacer lo mismo que el petróleo tiene un sitio donde brotar. La fiereza al toro se la da la «yerba» que nace del suelo y esto es cierto hasta tal extremo que cuando una ganadería entera cambia de lugar, aun dentro de la misma España, pocas generaciones después pierde en bravura lo que gana en mansedumbre. Sus toros, a poco, no embestirán ni acometerán por nada ni por nadie: ya se les encierre o se les deje en libertad, ya se les obligue o se les consienta, ya se les moleste o se les acaricie. Insisto en esto porque es de vital importancia. Lo sabemos nosotros pero la mayoría de los extranjeros lo ignoran. Al toro bravo se le cambia de pasto y a los veinte años nace manso. Por el contrario, si al toro manso se le lleva a los terrenos del toro bravo, a los veinte años es una fiera que tiene instinto de matar. El toro bravo de Andalucía se lleva a los terrenos de Inglaterra o Norteamérica y a los veinte años se deja acariciar por el hombre. El toro inglés o norteamericano se lleva a Andalucía y en veinte generaciones embiste como si fuera un miura y si retornara a su país de origen pasearía su furia en medio de los gritos de una civilización indefensa. Desamparada porque había olvidado la ciencia de la Tauromaquia, la ciencia de la lidia del toro que es la ciencia de la Vida.

[Don Quijote y Sancho]

Don Quijote de la Mancha cuando salta el toro a la arena echa sobre él a su amigo *Rocinante,* el caballo de

Antonio Domènech

los toros. ¡Don Quijote, todos los toreros rezan por ti para que Dios te libre de una cornada! Nadie teme por *Rocinante*. Don Quijote sabe lidiar y librar el caballo, que es lo mismo que nadar y guardar la ropa. Ni para guardar la ropa le sirve Sancho. Sancho Panza no cuida de la ropa, ni de la suya ni de la de Don Quijote, porque la ropa no se come y a él sólo le interesa la comida. Sancho más que la perturbación de Don Quijote es su asesino. Sí, eso es lo que quiere sin darse cuenta: matarlo, suprimirlo. Al primero que tiene que lidiar Don Quijote es a Sancho: su rémora, su ancla. Sancho es la amargura del triunfo de Don Quijote, el hacha que poda todas sus alegrías, todas sus ilusiones. Don Quijote tiene el cuerpo lleno de heridas, de cornadas que le han dado los toros. Los toros, no lo olvidemos, dan cornadas, hieren y matan. El toro es la Muerte. Por mucho que se sepa de toreo hay momentos en que no se puede evitar la cogida, falla la regla o se equivoca el lidiador y entonces llega sanguinaria la cornada. A Don Quijote lo cogieron algunos toros y entre ellos hubo uno que estuvo a punto de matarlo: el terrible toro del Norte. Pero Don Quijote no se deja matar fácilmente. Para eso tiene su arte, su tauromaquia. Él sabe que cuando los toros son fuertes, son poderosos, lo mejor es cambiarlos de terreno. Cambiar los terrenos en el toreo, llevar el toro de un sitio a otro, es renovar la lidia, abrir nuevos horizontes a la vida que es el arte de torear. En el argot taurino un tercio no es un tercio, sino un medio. Cuando se dice cambiar el toro de un tercio a otro, lo que se quiere en realidad decir es cambiarlo de un medio al otro medio. Hablamos de una circunferencia que es el ruedo de la plaza de toros. Don Quijote fue el primero en descubrir que el mundo tenía la forma del ruedo, que el mundo era redondo por los cuatro costados. Y como sabía torear, cuando vio que el toro le comía el terreno lo cambió de tercio o medio, más claramente, lo pasó de la mitad vieja del mundo a la otra mitad: lo trajo al Nuevo Mundo. Y eso sólo lo puede hacer quien sea capaz de torear a todos los toros en todos los terrenos. Don Quijote lo hizo y en el esfuerzo se abrieron sus heridas y se derramó casi toda su sangre. La sangre de Don Quijote regando a más de medio mundo ha hecho brotar su arte, su arte de ser, de ser siempre, de ser y estar, de estar eternamente por los siglos de los siglos, dormido y despierto, sin vacilaciones, dormido y despierto, a toda hora y en todo lugar.

Hay toros que no quieren lidiar, que no quieren que se les toree y embisten a la fiesta. Entre la muchedumbre humana en un sentido figurado, es lo que se dice picar alto o también poner una pica en Flandes. Una embestida furiosa y mal intencionada a la fiesta, fue la de Roma en tiempos de Felipe II. El Papa, no sé si un Pío V o un Sixto V, tiró un «hachazo» al toreo y fue Fray Luis de León y los teólogos salmantinos quienes salieron en defensa de nuestra tauromaquia. Ellos sabían que las normas de torear las dan los ángeles y las de embestir las dicta el demonio. Cuando alguien torea a la perfección se dice que torea como los ángeles y cuando un toro embiste con mala intención se dice que es de la misma piel del demonio. Fernando el Gallo, viejo torero y suegro mío, decía, explicando el movimiento de la muleta a la hora de matar, que el que no hace la cruz se lo lleva el demonio, porque el toro es el demonio.

Cuenta el marqués de San Juan de Piedras Albas, en su reciente libro sobre *Santa Teresa y los toros,* que encontrándose la santa en Medina del Campo, ocupada en los preparativos de una de sus fundaciones, se le ocurrió poner en cultivo un huerto propiedad de la fundación. En su pobreza de medios no sabía con qué labrar la tierra y se le ocurrió pedir a un hacendado rico del pueblo un par de bueyes para el trabajo de la tierra. El hacendado, hombre incrédulo y de mala condición atendió con hipocresía el deseo de Santa Teresa, diciéndole que estaba conforme en regalarle dos bueyes con la única condición de ser ella misma quien fuera a recogerlos y quien los unciera al yugo del arado. Teresa de Jesús no puso inconveniente en aceptar y fue a la hacienda acompañada de un servidor del hacendado al que su jefe había advertido que le diera un toro bravo que se hallaba entre los bueyes mansos. La santa llamó al toro por su nombre, *Berrendo,* y puso su mano sobre el testuz de la fiera. Ante el asombro de todos los criados presentes lo unció dulcemente al yugo como si se tratara de un corderillo. En este milagro, verdadero milagro atestiguado, Santa Teresa de Jesús no hizo más que dar un buen pase de muleta. Un pase de muleta no al toro que embiste sino al dueño del toro, al demonio. Porque el toro es el demonio y para librarse de él hace falta hacer la cruz con la muleta y el estoque, obligándolo a humillar la cabeza y hundirle la espada en el morrillo, matarlo. Matar al toro es matar a la muerte y al demonio. Hay toros bravos y toros mansos. Eso lo sabemos nosotros pero la mayoría de los extranjeros lo ignoran. Se cree que al toro se le obliga a embestir contra su voluntad, otros piensan que es un toro que robamos a la agricultura porque su gusto sería trabajar y no embestir. Esto es falso y hay que acabar con este prejuicio. El toro bravo es una fiera como el león y el tigre, a quienes, por otra parte, acomete y vence cuando a ellos se enfrenta. El toro de casta del sur de España ha vencido en muchas peleas públicas al león y al tigre. No sirve para el trabajo porque acomete y mata al hombre, embiste por naturaleza, lleva la furia en la sangre, en la sangre elaborada como ya se dijo, por la hierba de las marismas del Guadalquivir y, más allá, de las dehesas salmantinas o de las vertientes del Guadarrama.

[La crueldad de las corridas]

No tengo inconveniente en que se clasifiquen a las corridas de toros entre las crueldades universales. Pero es necesario que sepa todo el mundo que el toro es una fiera. El día que la curiosidad mundial descubra ese pequeño detalle se hablará en otro tono de nuestras corridas de toros, deporte viril de una raza que hizo, de este planeta que habitamos, un paseo militar, como observó Rousseau, porque estaba acostumbrada a jugar con la muerte entre los cuernos de los toros bravos. El toro bravo no sirve nada más que para la emoción y la belleza de la creación artística a que da lugar: la lidia. Existe un principio teológico que afirma que el animal fue creado por Dios para regalo del hombre y cada cual debe utilizarlo a su gusto. Hay quien se lo come y hay quien lo torea.

En verdad, en la realización de las corridas de toros, la crueldad es vista y no vista. La educación artística de un individuo, de una sociedad o de una nación no puede improvisarse, es cuestión de siglos. Por eso España, país de artistas, presencia las corridas de toros sin dar importancia a la sangre derramada porque están en juego, sobre todo, valores artísticos y vitales irrenunciables. El torero se juega la vida a cara o cruz sin más ventaja que su inteligencia. Todas las ventajas son del toro. El toro dispone de la muerte y tiene la intención de utilizarla. El toro es la bala que viene derecha a matarnos. La virtud del torero es no asustarse de la muerte. La ciencia de la tauromaquia consiste en el arte de burlar la bala.

Hablemos mucho más claro: antes de aceptar, sin más, la crueldad de la corrida de toros habrá que discutir sobre la guerra, sobre la caza, sobre el boxeo y otras muchas cosas que la cortesía me impide enumerar. Cuando la humanidad esté en un grado tal de civilización que no quede ninguna crueldad entonces sería cosa de hablar de suprimir las corridas de toros. Pero mientras los seres humanos hablen tranquilamente del número de hombres que cada nación puede matar en un momento determinado, hablar de la crueldad de las corridas de toros es ridículo. Dentro de las crueldades humanas no se puede tomar ni un pequeño detalle que compita en belleza con la realización artística del toreo. Es verdad que muere el toro y que puede morir el torero. Pero ¿cómo y por qué? El toro muere repleto de furia, de soberbia, de rabia por matar. El torero, en cambio, vestido de seda y oro, sobre el amarillo del albero, bajo los rayos del sol, a cielo abierto, juega con la muerte que se le aproxima trazando círculos alrededor de su cintura. Matadores, toreros, hombres de los pueblos de España, ¿por qué vais hacia la muerte? Hacia ella por la gloria que es la ilusión que corre por la sangre, por el aplauso que es el premio de la locura. Cuando todas las posibilidades cierran al hombre del pueblo las puertas de la celebridad, salta al ruedo a jugar su aventura con la muerte y muere, si es el caso, sonriendo contento, enseñando el arte de no morir, el arte de la vida.

[El triunfo del pueblo torero]

Rechazada esta compasiva preocupación, digámoslo, de una vez por todas, el toreo no es una crueldad sino un milagro. Es la representación dramática del triunfo de la Vida sobre la Muerte y aunque algunas veces, tal como en la tragedia griega, mueran el toro, el hombre y el caballo, el contenido artístico de la lidia brilla sobre el instante y perdura por los siglos. Es el pueblo el que quiere ser torero porque quiere vivir, es el que quiere torear porque quiere hacer milagros. Son sucesos que suelen registrar los poetas. Así a la muerte de Joselito el Gallo le cantó Rafael Alberti:

> Cuatro arcángeles bajaban
> y abriendo surcos de flores,
> al rey de los matadores
> en hombros se lo llevaban.
> Virgen de la Macarena,
> mírame tú cómo vengo,
> tan sin sangre, que ya tengo
> blanca mi color morena.

[Conferencia pronunciada por Ignacio Sánchez Mejías en la Universidad de Columbia, Nueva York, en 1929. Publicada en *Quites* n.º 6 (1987). Una nueva edición de la conferencia aparecerá en octubre de 2010 en el volumen *Sobre tauromaquia*, en edición de Antonio Fernández Torres y Juan Carlos Gil (Córdoba, Editorial Berenice), una colección de escritos publicados e inéditos de Sánchez Mejías sobre toros.]

Véronique Bouissière

La salida del toro
Antonio Bienvenida

Se acabó el prólogo. La seda se refugió en los barandales de las barreras. El clarín agudo acaba de poner calma en el tendido; expectación en las bellas, inquietud en el espectador, desasosiego en el torero. Todas las miradas quieren converger a la par en un solo punto. En el portón de los sustos. Como en esos escenarios donde la proyección de la luz va recortando la silueta de la cantante, en el reducido plano –antes de lo imprevisto– de la puerta del toril, se acaban de dar cita todas las miradas. Va a salir el toro. Pero no sale de una manera vulgar y corriente. Le acompaña un rito. La ceremoniosa actitud del encargado de los toriles, quien, pausadamente, se adelanta unos pasos, como el guarda celoso de su marco, mira a la derecha, luego a la izquierda, otea al fin en una mirada circular que barre todas las faldas de la roja barrera, y consciente de su responsabilidad, satisfecho, previsor, descorre a una mano el grueso cerrojo.

Y... La salida del toro, fuente de inspiración de poetas y pintores, es ya motivo de honda preocupación para el torero de turno. Diríase que de su primera impresión, del choque primero con su negra mole –el color preciso del pelo del toro llega a nuestra retina más tarde– depende nuestra felicidad o nuestra desgracia.

Si es verdad que en la vida lo que manda es la simpatía; si es cierto que amistades profundas, amores eternos, fundamentaron sus cimientos en la teoría popular del flechazo, no es menos cierto que de la simpatía o antipatía que le produzca a un lidiador este su primer encuentro visual, depende en gran parte el acierto o desacierto de sus faenas.

Aunque palabras veraces, consejos inteligentes, pronósticos técnicos, le hayan hecho creer a uno, en la mañana, terminado el sorteo, que el toro tal o cual es así o es asado, la verdad, lo único intangible, es que hasta que el toro no acaba de salir y se nos presenta tal cual nuestra ojeada lo estima, no se hace en nosotros esa materia de juicio que nos permite alentar o nos sume en el descontento. Un segundo –¡qué difícil es determinar este pedazo de tiempo!– después que el toro está en la Plaza, nuestra mirada, cierta ya en el tono de embestida, en su probable característica de pelea, se tropieza con la mirada del toro. ¿Qué dirán sus ojos?

No hay tiempo para traducir.

Ya está en el tercio, esperando, desafiante, nuestra decisión.

Y ya estamos delante de su furia.

Pero la luz de su mirada, en aquella primera salida al ruedo parece acompañarnos. Es como una invitación o una cadencia. «Miraba tan noblemente», nos queremos escuchar, «que quizá nos tome el capote "inocentemente".»

Y en ese «quizá» de la salida del toro está en juego todo nuestro porvenir.

Este trascendental momento de la lidia tiene para nosotros los toreros otra mayor estimación. Y es que es, sin duda, el momento en que el torero vive desligado del público, sin la presión de su mirada vigilante. Durante la salida del toro no hay más objeto preferido que ése: verle salir impetuoso y esperar que nos tome el capote, porque quizá en ese segundo...

[Aparecido en la revista *El Ruedo*, Madrid, en junio de 1945; publicado en *Quites*, n.º 8 (1990).]

Joaquín Sáenz

Querer y poder ser torero
Manolo Vázquez

La decisión de ser torero surge por muchos motivos, como por otra parte suele ocurrir con cualquier otra profesión.

Hay quien piensa que el deseo del padre es la principal condición. Yo entiendo que la elección de un medio de vida, de una profesión, debe ser una elección propia, una decisión personal. Es mucho más bonito dejar a cada persona que elija su propio camino, su propia profesión. El toreo nunca debe ser planteado como la búsqueda de una simple salida a la vida. En esto del toreo ha de haber más profundidad, más sinceridad. Tiene que ser, indudablemente, por verdadera vocación.

En otros tiempos, quizás ser torero fuese una posibilidad, de las pocas, de salir de un medio social estrecho. En 1800, por ejemplo, para muchos españoles el porvenir de su vida era tan negro, que es posible que fuera cierta aquella frase del Guerra en la que aseguraba que «más cornás da el hambre que el toro». Hoy, gracias a Dios, es distinto. Aunque no se tengan todas las posibilidades que uno quisiera, sin embargo, hay muchísimas más que antes. Ahora hay más donde elegir.

Mi búsqueda ha sido siempre un camino de rebelión. Por eso tengo reparos..., por eso muchas veces cuando se habla de que los que pertenecen a familias de toreros les es más fácil el llegar, yo abrigo siempre mis dudas. El público te encierra en un mismo círculo y te identifica con los de tu sangre. Hace comparaciones, tristes, lamentables comparaciones, como si por ser hijo, sobrino, primo o hermano de... estuviera obligado desde el primer momento sólo a repetir. Esto es una exigencia equivocada. Para mí ha sido muy duro y a veces he llegado a sentirlo como una pesada losa. Tienes que sobreponerte muchísimo, tienes que rebelarte buscándote en ti.

Para ser torero claro que hay que aprender el oficio. Yo, en mi familia, lo aprendí con facilidad, con naturalidad, casi sin darme cuenta, era el mismo ambiente quien te enseñaba. Sé que otros no tienen esta posibilidad y les cuesta más trabajo el aprender, pero ser figura del toreo es algo que no puede surgir, sino que tiene que salir de ti mismo, es algo solamente tuyo, que está innato en la persona.

El oficio se hace en el transcurso del tiempo, yendo a las cosas, pero el poder artístico está sólo en ti. Con la voluntad y el esfuerzo, toreando, claro está, tienes que ir haciéndolo nacer, haciéndolo poder.

El toreo es un arte, no una lucha, aunque aparentemente claro que es una lucha, una lucha además contra una fiera, pero más allá de ese parecer es, sobre todo, un Arte. Yo antepongo por delante de vencer, de matar al toro, lograrlo artísticamente.

No se logra el triunfo solamente con el arrojo, como tampoco la simple victoria lleva consigo, como inmediata consecuencia, el triunfo. En la vida del torero la fuerza del reconocimiento es importante, pero el éxito no crea al arte. Aunque uno alcance la categoría solamente después de los triunfos, en el fondo, torero, lo que se dice torero, se es desde siempre, se es desde antes mismo de los éxitos. Igual ocurre con el valor. De verdad yo no creo que el torero piense que se está jugando la vida. Para una persona la vida es una cosa muy importante, demasiado seria como para jugársela. Es cierto que hay que tener valor, pero éste será un valor para seguir sin desmayo buscando su propio arte, su diferencia con los demás, su propia identidad artística.

Desde muy pronto la vida del torero se convierte, respecto a los demás, en algo muy excepcional. Aproximarse a figura del toreo es, a la vez, caminar hacia la soledad. En nuestra profesión, el éxito, el triunfo artístico, te aísla de los tuyos, te separa de los demás.

En cualquier profesión se alcanza la plenitud con la madurez. Incluso en muchas de ellas sólo en la vejez consigues el reconocimiento. Las relaciones que mantienes con los amigos, con la gente en general, están de acuerdo con la edad, hay como una armonía entre tu conocimiento y tus relaciones, algo que nos parece natural.

En el toreo todo es distinto. Cuando los muchachos de tu edad siguen yendo, qué sé yo, al colegio o acuden a los primeros trabajos, el torero, si sigue siéndolo, lo más probable es que ya haya conseguido la fama. Un torero es figura a una edad en que cualquier profesional no ha empezado siquiera a despuntar.

Al revés (salvo rarísimas excepciones), cuando a los cuarenta años, en cualquier profesión, uno comienza a hacerse un hombre, el torero a esa edad hace tiempo que ha terminado su vida artística. La desgracia para un torero es que decaen sus facultades físicas cuando se está en plenitud de sus facultades mentales.

Socialmente siempre se halla instalado quiera que no en una zona inaccesible a los más propios.

El torero es por la fuerza de las cosas distinto de todos, distante para todos. Estas condiciones excepcionales requieren una vía propia, su forma particular de hacerse.

El arte del toreo tiene diferencias tan grandes con las otras artes, que requiere un adiestramiento, una formación espiritual muy distinta. Las circunstancias en que te ves obligado a crear arte son especialmente adversas, excepcionalmente difíciles: Tienes que actuar según un contrato que estipula de antemano el día y la hora de la creación. ¿No va a ser dificultoso lograr cotas altas a hora fija y en tiempo estipulado?

Escritores, pintores, escultores, poetas, músicos, etc., pueden elegir y trabajar en los momentos que a ellos les parecen más adecuados o favorables.

Toda expresión artística requiere tiempo, maduración. El toreo está a merced del tiempo. La producción de su arte es instantánea. En segundos hay que ejecutar la proeza. Para mayor dificultad hay que realizarla con un animal que tiene otro tiempo y su propio temperamento, con una fiera que acomete y que no tolera rectificaciones. Siempre hay que dibujar la faena dentro de un círculo de peligro y movimiento. Y en medio de tan difíciles condiciones el torero tiene que lograr, si quiere serlo, expresiones artísticas que permanezcan en la memoria de los espectadores. En un solo instante, al provecho de sólo unos minutos, en circunstancias que nunca han sido por él elegidas, tiene, sin embargo, que imprimir en el recuerdo del público el arte imborrable de sus gestos.

El torero tiene que construirse, tiene que hacerse. Debe estar dotado de una personalidad muy especial, muy fuerte. En el curso de la faena tiene que liberar una gran energía espiritual, tiene que transmitir mucho poder, muy rápido, para que los espectadores conecten y queden prendidos. Todo esto es un asunto de instantes.

El torero tiene que lograrlo con la energía que dispone, esto es, con el sentimiento. Se transmite y se conecta sintiéndose mucho. Sin poner en juego toda la fuerza del sentimiento puede que el torero logre un triunfo, pero será, seguramente, pasajero, se olvidará pronto, no permanecerá en la retina del aficionado.

En la plaza, los grandes acontecimientos son aquellos que dominan el alma, detienen la respiración, trastornan incluso el organismo. El paso de una gran faena por el alma del espectador desencadena agitadas turbulencias después de haber suspendido el espíritu, conseguido la concentración máxima y llegado a la alerta animal de los sentidos. El torero hay que ir haciéndolo nacer, haciéndolo poder.

El trascurso del tiempo me ha servido para ir haciendo el toreo cada vez con más calma, con más sosiego. Mi intención ha sido hacerlo lo más natural posible. Lo mejor que tiene el toreo es hacerlo de modo que no sólo parezca, sino que sea fácil. Sin correr, sin apresurarse, sin esforzarse, hay que hacerlo con mucha naturalidad. Yo creo que el toreo más bonito es el que se hace más natural. Lo he perseguido con afán toda mi vida. Esta fue mi búsqueda y mi hallazgo.

[Aparecido en *Quites*, n.º 4 (1985).]

Joaquín Sáenz

Anotaciones de torero y de aficionado
Rafael de Paula

Para ser torero hay que nacer torero. Todos esos grandes toreros que han hecho historia me parece a mí que sus madres los parieron toreros, y que por eso fueron quienes fueron.

Para ser torero, como para ser todo en este mundo, hay que ser un buen torero, o al menos intentar serlo. Si no, más vale meterse a otra cosa.

El torero que se siente, que llega a sentirse, se tiene que emocionar; si no es así no puede llegar a perder la noción del tiempo y de las cosas: solamente estás tú con el toro, y esa es tu obra.

Lo que decía Rafael el Gallo: «A cada pase que pegaba se me caía una lágrima». El Gallo sabía lo que era eso, y esa frase resume todo lo que se puede sentir ante un toro cuando se está emocionado. Cuando se está toreando totalmente, en cuerpo y alma, es cuando ha llegado la inspiración, el duende, el soplo. Y entonces, aun sin darte cuenta, no sólo estás llorando por dentro, sino que hasta llegas a llorar por fuera.

El torero no sólo debe parecerlo, sino serlo; es decir, haber nacido para eso. Y serlo en cuerpo y alma, porque entonces toreará de manera diferente a como lo hacen los que simplemente se visten de toreros, que son gentes que han cogido un adiestramiento, una práctica, que hacen que el toro pase, pero que no son toreros con alma de toreros, y eso el aficionado acaba notándolo.

Antes de cada corrida se sufre, y no sé si habrá algún torero al que no le ocurra lo mismo, pero lo dudo. Porque no hay que olvidar que el torero es un ser humano, y por tanto sujeto a las emociones propias de todo ser humano.
Cuando uno tiene que torear sabe que tiene que enfrentarse a un misterio, a algo desconocido de lo que no tiene ninguna certeza. Es como prepararse para un viaje al más allá, y eso provoca temor y desasosiego. Antes de torear uno se encuentra como asaltado por lo desconocido y sin saber cómo va a ser capaz de reaccionar ante lo que se le vaya a venir encima, sin saber si va a llegar a aflorar todo lo que tiene dentro.
Y se siente uno también solo, tremendamente solo, porque nadie puede acompañarte. En el toreo se llega a sentir de cerca la soledad, porque nadie sino uno mismo tiene que resolver las claves de su propio temperamento, de su propio sentimiento.

La inspiración no está al alcance de nadie, o llega o no llega. Está más cerca del torero que tiene una concepción artística que del que no la tiene.

No todos los toreros llegan a sentir lo que es esa inspiración, o al menos esa impresión dan cuando se les ve ante un toro. Los toreros en su mayoría pueden tener lo que llamamos *sitio,* práctica, oficio, facilidad... pero eso no quiere decir que tengan inspiración.

La inspiración no llega siempre ni a los que tienen una concepción artística del toreo.

Cada vez noto que los toreros se preocupan más de que el toro pase, simplemente que pase, pero que no torean como se debe. Hay pocos toreros que se pongan en el sitio de torear, ya que casi todos se limitan a dar muchos pases de la manera que sea. Creo que tantos pases como se dan hoy a lo largo de una faena no se han dado nunca. Cuando a un toro se le pegan diez o quince pases bien dados, ya no aguanta más. Pero hoy al toro se le fuerza menos.

Hay un sentimiento artístico gitano.

Como artista no concibo la forma de hacer las cosas delante del toro sin ese sentimiento. Pero cuando sale un toro que no brinda la posibilidad de desarrollar esa forma artística, cuando todo son dificultades e inconvenientes, siempre hay que procurar estar por encima de la adversidad y que el toro no se te suba a las barbas. Poder con él de una forma efectiva y matarlo con el mayor decoro posible.

Para un triunfo grande, la condición del toro cuenta en un porcentaje alto. Claro que cada uno tiene una noción distinta de lo que es el triunfo, pero de lo que no cabe duda es de que con un toro que no colabora, el toreo no puede brillar por completo; pero se podrá estar bien, a la altura de las condiciones de ese toro. Lo que ocurre es que de eso no se da cuenta todo el mundo.

Un torero puede triunfar interiormente, quedarse satisfecho de sí mismo por una labor cumplida. Pero ese triunfo que trasciende y que llega al público sólo se consigue con un toro que brinda posibilidades. Los toros son como las personas: algunos te dejan hablarles de tú y otros no.

Lo que sí es cierto es que a los que nos clasifican entre los llamados toreros *artistas* nos sirven menos toros que a los demás, porque tenemos una concepción distinta del toreo, yo no digo que ni mejor ni peor, sino simplemente distinta. Y, claro, cuando un toro no nos deja hacer el toreo como nosotros lo concebimos y lo sentimos, pues es muy difícil que se puedan hacer las cosas con lucimiento.

Lo que también ocurre es que a los toreros artistas el público nos exige más que a otra clase de toreros, y eso no puede ser, porque no todos los toros permiten quedar siempre a la altura que la gente y uno mismo quisiera.

Los toreros, a medida que va pasando el tiempo, se van definiendo en su propio estilo y personalidad. Nadie

Joaquín Sáenz

nace sabiendo. Los toreros que la gente dice que tienen sello propio lo tienen que ir definiendo con la práctica, depurándolo a través de ella.

Cada torero va cogiendo un estilo y entonces lo que ocurre es que hay estilos de torear a los que no les van bien las condiciones de algunos toros; hay toros que te permiten desarrollar tu propio estilo y otros que no, que son incompatibles con la concepción que uno tiene del toreo.

Mi toreo es gitano. Hay una forma gitana de sentir el arte, todo arte. Lo que no quiere decir que todos los toreros artistas hayan de ser gitanos, porque de hecho no es ni ha sido así. Pero sí que el torero gitano tiene una concepción, una ejecución y un *compás* diferente. El *compás* es necesario para hacer o intentar hacer las cosas bien.

Eso que la gente llama *arte* en el toreo es algo que no se aprende ni se enseña. Se nace con él o no se nace. Lo otorga Dios, porque qué duda cabe que eso viene del Cielo, como una bolita, y al que tiene suerte le toca y al que no, pues no le toca.

Luego es cuestión de poner todo de tu parte para que ese arte brille, porque lo que sí está claro es que uno no puede estar siempre ni siquiera a la altura de sí mismo.

En el toreo, ese arte no muere con unos determinados toreros. Puede surgir en cualquier parte. Lo que me preocupa como aficionado es que, cuando salga, no haya público capaz de saberlo ver.

Yo veo las malas ideas de los toros en sus ojos, porque no sé si los toros tienen o no tienen alma, pero ojos sí que tienen.

Se ven las malas ideas y se ve la bondad. Una vez, cuando era novillero, me pasó una cosa muy hermosa. Fue en un pueblo de Sevilla. Me tocó un novillo maravilloso, al que me parece que cuajé, y cuando monté la espada para entrar a matar, el novillo se puso a llorar como diciéndome: «Después de lo que he colaborado contigo, ¿me vas a matar?».

Dudé unos momentos y el llanto del novillo iba a más. Lo veía llorar profundamente y me conmoví. Le pedí al presidente que lo indultara y se negó, y hasta hubo gente que tomó el gesto como impotencia mía para matarlo. Así que no tuve más remedio que entrar a matar, y lo hice como Frascuelo, para no hacerlo sufrir.

Ese sí fue un toro con alma, y si hay un Paraíso para los animales él estará allí.

En cada lance de capa hay que dejarse allí el alma. Hacerlo con alma, con todo el sentimiento. Y que dé tiempo a soñar mientras vas haciendo pasar al toro.

[Aparecido en *Quites*, n.º 5 (1986).]

Miquel Navarro

Mi concepción del toreo
Luis Francisco Esplá

Se me pide que explique mi concepción del toreo. Es algo que trato de demostrar cada tarde en la plaza. Pero intentaré ampliarlo en estas líneas, empezando por mis primeras experiencias. Confieso que de muchacho no entendía los toros y, además, me daba pena ver matar a un animal. Sin embargo, siempre me ha fascinado dominar a un animal y he tenido paciencia y cualidades para amaestrarlo. Mi primera aproximación al mundo de los toros fue motivada por eso: dominar al toro. Experimento con ello un sentimiento de poder, no destructivo sino creador, en el hecho de dar forma a una bestia, de plegarla a mis deseos. Esta fue mi primera motivación ante el mundo de los toros. No fue el dinero ni la posibilidad de conseguir la gloria, pues nunca he sido ambicioso en este sentido. Paralelamente siempre me han gustado la pintura y, en general, todo lo referente a la plástica. Hice por ello, y porque no creía tener cualidades para destacar en otra profesión, los estudios de Bellas Artes, sin pretender otra cosa que divertirme, hacer lo que me llenaba y, de paso, cumplir un pacto secreto con mi padre: que no abandonaría los estudios aunque me dedicara al toreo. Tomé la alternativa el año 76, pero seguí estudiando hasta el 81.

El éxito en la corrida de los victorinos, en 1981, no me pilló de sorpresa. Sobre esto se me ha preguntado muchas veces. Yo por entonces ya era consciente de que había una continua evolución en mi toreo, y ese año, el de los victorinos en Madrid, fue precisamente la época en que había iniciado esa evolución y cuando había vuelto a coger el sitio que perdí al dejar de ser novillero. El problema actual de los novilleros es que las novilladas no tienen nada que ver con una corrida de toros, por edad, peso y trapío. Además, hoy no es rentable ser novillero porque se dan pocos festejos y se hace necesario pasar en seguida a matador. Es, pues, un problema de subsistencia el que te hace llegar con muy poca experiencia a la alternativa. Y hay que superar el trauma que supone enfrentarse con un toro que no conoces, que te descentra y que con frecuencia te coge. La situación se te escapa y te desmoraliza. La seriedad y el cuajo de un toro están muy lejos de las del novillo, en parte porque el reglamento lo condiciona –el límite de peso, por ejemplo–. Está mal, pero es así. Otro factor muy importante es el psicológico: el toro tiene una psicología muy distinta a la del novillo. Mientras éste va y viene, al toro lo tienes que hacer ir y venir. Hay que añadir el hecho de que los profesionales que tienes al lado, cuando ya eres matador, van a resaltar todavía más tus defectos; algunos pueden ser toreros cuajados con quince años de alternativa y, lógicamente, te dejan a la altura del betún.

Dicho esto puedo explicar mi evolución. Lo que me hacía antes torear con la muleta con cierta precipitación, sin asentarme, era la falta de sitio que hay que ir encontrando ante el toro. Esto puede pasarle a cualquier artista que, por falta de dominio del material, sus buenas intenciones sólo consiguen un resultado caótico. Yo no dominaba la materia prima, el toro al que hay que reducir. No podía de momento dar expresión a lo que quería y, en ocasiones, podía llegar al caos. Era, simplemente, un problema técnico. Y aunque tuve la suerte de cuajar aquella corrida en Madrid, lo cierto es que ya por entonces había toreado otras veces bien. Lo que ocurre es que una vez haces el descubrimiento y te pones en el sitio exacto el progreso ya es mucho más rápido. Una vez conoces bien los fundamentos, la materia de estudio –como el caso de un químico en su laboratorio– puedes empezar a trabajar y a crear fórmulas. Yo me considero ahora en esa etapa en la que conozco la técnica del toreo y, por tanto, podré hacer aflorar la personalidad, dar curso a la inspiración, aunque siempre vertebradas por el oficio. La falta de esa técnica es siempre el problema previo.

La técnica y la estética

El toreo se debate entre dualidades. Así ocurre respecto a la técnica y la estética. Sin recursos o sin técnica no podríamos plasmar el sentimiento artístico, pero la técnica sin estética sería mera manualidad, burdo oficio. Yo llamaría *toreo clásico* al que domina la parte técnica, el conjunto de conocimientos y ardides para plasmar secuencias artísticas. Es un toreo que aprende continuamente del toro y que ha sido, básicamente, un toreo de escuela. Saca el repertorio de sus antepasados, rememora lances y desarrolla una capacidad de interpretación y una intuición que le permiten aplicar esos conocimientos a lo largo de la lidia. El repertorio debe desgranarse siempre según lo exija el toro. La amplitud de este toreo clásico exige también condiciones físicas suficientes para pisar el terreno que debe en cada tipo de toro. Por ello debe hacer el toreo sobre las piernas, algo que fue básico en los toreos clásicos. En este toreo, que yo resumo llamándolo *clásico,* es siempre el toro la fuente de inspiración, quien sugiere las suertes y en definitiva quien marca el toreo. Por eso cuanto más difícil es el toro más trascendencia tendrá lo que se haga con él. El castigo a un toro –y pongo como ejemplo un importante problema técnico para dominar a muchos toros– no consiste básicamente en bajar la muleta, sino en la largura del pase. Hay que alargar el tiempo que el toro va humillado: esto es lo que lo domina. Pero al toro no se le deben «tocar las orejas», pues así se le hace defensivo y se le rompe inútilmente. Sólo debe hacerse cuando resulte necesario al prepararlo para la muerte. Esta es, desde luego, una conclusión mía, pero me sirve. Prolongar la embestida es lo que más lo reduce, pues la postura humillada es anormal en el toro.

Si repasamos la historia del toreo, lo primero fue la técnica, el oficio para reducir al toro. El toreo comenzó más que nada como un juego. Después, en el toreo clásico, con Joselito y Belmonte, y antes aunque de forma más precaria, continuó siendo fundamental la técnica y la escuela. Y son ellas las que posibilitarán el arte. En todo ello no hay que olvidar los clásicos fundamentos:

Miquel Navarro

parar, mandar, templar y cargar la suerte, que me parecen suficientemente definidos y no necesitan que me detenga en ellos. Pero quiero insistir que es siempre el toro quien sugiere en cada momento ese arte. Yo no concebiría un toreo, por muy estético que sea, sin la presencia del toro. Sería puro ballet. Por eso la técnica y la estética deben estar compensadas y conjugadas. Y así llega un momento en el que, como decía Belmonte, hay que olvidarse del propio cuerpo. Una frase que para mí ha sido muchas veces mal interpretada. Las palabras de Belmonte se refieren a eso mismo que le pasa a todo artista al que le llega un momento en que simplemente está creando y se olvida del problema técnico, quedando éste en un plano inconsciente. El sentido de la frase de Belmonte es el de olvidarse, no del cuerpo como tal, sino de lo material, del medio técnico, para centrarse sólo en lo creativo. Es algo que he vivido algunas veces. Es, efectivamente, un instante de abandono en el que sólo creas y no te preocupas de la colocación ante el toro, es algo instintivo en ese momento. Describirlo es difícil. Podemos imaginar la conmoción que como espectadores nos produce cualquier arte. Pues bien, además eres tú mismo quien lo está produciendo. Te olvidas del público, nada te importa, sólo sabes que estás creando bien y nada más. Y con una particularidad que lo diferencia de otras artes en las que solamente cuando se ve la obra acabada el creador la disfruta por completo: en el toreo sabes que ese momento creativo no vas a vivirlo de nuevo, y eso acentúa su sensación, su fuerza. Nunca podrás ser espectador de lo que has hecho, como sí que lo es el pintor o el poeta.

Sí puedo ser espectador, si no de mis propias faenas, del toreo y del mundo de los toros en general. He hablado de mi experiencia como torero. Como espectador, objetivamente, se puede afirmar asimismo que el toreo es un arte. Si todas las definiciones aplicables a un arte son aplicables al toreo es porque éste es un arte. Aunque yo, como espectador, nunca puedo inhibirme del peligro del toro, de los problemas técnicos que genera, no significa que no pueda entregarme a la emoción estética y que no sea capaz de reconocer una gran faena. De hecho, me gustan los toreros de arte, con sensibilidad. Pero como observador no puedo evitar al mismo tiempo cierta tensión y me es difícil abandonarme ingenuamente como lo haría cualquier espectador que no ha sufrido experiencias como torero. Veo los dos aspectos, el plástico y el técnico, y me puede conmover tanto el lado estético como la lidia en cuanto superadora de unas dificultades. Y esa tensión que sufro como espectador me hace imposible estar pasivo en la plaza. Si debo acudir a algo soy, si puedo, el primero en hacerlo. Siempre debes estar atento aunque no sea tu toro. Siempre sacas de ello conclusiones.

También me interesa, como torero y como simple espectador, la carga ritual de la fiesta de los toros y todas sus interpretaciones simbólicas. Que haya en ello siempre verdad o no, es algo que no sé. Pero yo en esto considero, como dice el precepto chino, que más vale creer que ir a averiguar. Me lo creo y me sirve para vivir los toros con toda su magia; me estimula toda su historia y su mitología, todo lo que se dice que representan el toro y el torero. Creer en toda la riqueza de esas interpretaciones es algo que me compensa. Y entre todas ellas me ha llamado especialmente la atención las que hacen referencia a la sensualidad. Es evidente, por ejemplo, que en el toreo se da una representación de la virilidad, entendida como sinónimo de fuerza y de nobleza en su tarea de vencer al toro. Además, si analizamos el traje de luces veremos que todo tiende a realzar la clásica figura del macho. Fijémonos en las hombreras o en la silueta de un torero, vista al trasluz, que da el canon clásico de ocho cabezas y media, o nueve, para el cuerpo, en vez de las siete cabezas y media que se consideran en el hombre normal. Pues el traje de luces tiende a empequeñecer la cabeza, ensanchar los hombros y ensalzar el pecho: es un canon atlético. El traje de luces, aunque de forma sutil, consigue esa pretensión: magnificar la figura del hombre, que ha de vencer al toro mediante su dominio y su noble comportamiento en la plaza.

Mis objetivos

En estos momentos, y hablo sobre todo del toreo de muleta, me interesa más el problema de la técnica. He pasado, como dije, el trauma de todo matador, el de la impotencia ante el toro. Y es algo que todavía me acecha y hace interesarme, por encima de todo, en dominar a cada toro. Es verdad que la técnica debe estar completamente equilibrada y compensada con la estética, y reconozco que todavía en mí la balanza está inclinada del lado de la técnica. Pero, desde luego, pretendo conjugar ambas. En el campo de la muleta son aún muchas las cosas que me propongo. El oficio te va descubriendo el rit-

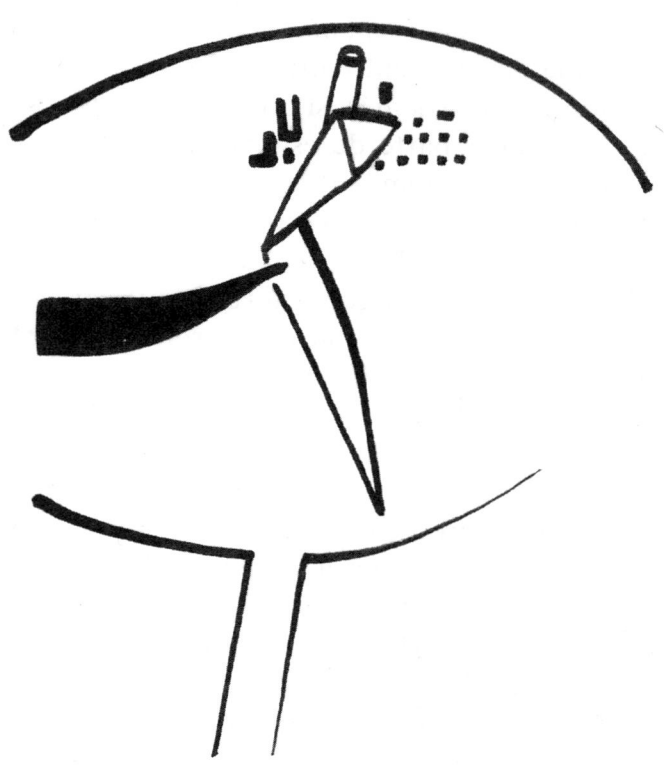

Miquel Navarro

mo, el templar, el poder crear e improvisar. Quizá yo no pueda ser un torero «estilista», uno de esos raros toreros que llamamos «de arte», ni tampoco un torero de una determinada plástica, entre otras razones por propia configuración física. Además, si quieres lidiar todos los toros debes sacrificar parte de esa calidad plástica a la satisfacción de haber dominado un toro y haberlo entendido. Soy consciente de que no estoy en la línea de esos toreros de arte, con su chispazo innato. Me refiero a esa sensibilidad que tienen algunos toreros que carecen de toda técnica, pero que son, repito, pura sensibilidad. Hay también pintores que con menos oficio que otros son capaces de crear obras intuitivas que conmueven. Yo pretendo también, por supuesto, cuajar una plástica y una estética propias, pues siempre debe haber arte –sin él se convertiría el toreo en simple oficio–, pero lo que nunca seré es ese torero de pura sensibilidad, con duende. Entre otras cosas porque tampoco es eso lo que yo busco, y un torero es normalmente eso que quiere ser, eso en lo que se afana. Y en esto hay que ser muy consciente. Un problema muy común en los toreros, incluso en algunos que han sido figuras, es que no han tenido una idea clara del torero que querían ser, o, si la tenían clara, no tenían cualidades para ser eso que pretendían. Yo creo haber hecho un análisis de mis posibilidades y de mis limitaciones y sé el tipo de torero que puedo ser.

Aspiro, pues, a ese otro toreo, que he llamado clásico, que no ha faltado en los últimos años, pero que tenía en contra, para poder revelarse, la extrema dulcificación del toro. El torero de arte sí puede producirse con ese toro más dulcificado, ahí puede hacer y deshacer. Pero cuando no se veía a ese auténtico torero de arte se llegaba casi al aburrimiento. Todo obedece a los gustos del público. Por eso perdió importancia el toro y fue el mismo público quien convirtió con frecuencia al torero en cómodo y pegapases. Yo creo que ahora está cambiando el gusto del público y está exigiendo un toro más ofensivo y más codicioso, y el toreo clásico más amplio y variado puede volver a brillar.

[Publicado en *Quites*, n.º 3 (1984); transcripción de Blas Cortés.]

De frente y de perfil

Ramón Gaya

Chenel
Félix Grande

Apreté el timbre de la puerta y me abrió una muchacha tranquilamente alegre, de belleza silenciosa y profunda; recuerdo que pensé que esa hermosura honda y aquella natural y pausada alegría eran también algunos rasgos del toreo de Antoñete. La muchacha (Beatriz se llama, y es la novia del mayor de los hijos del diestro) me saludó con una sonrisa a la vez expresiva y callada, que yo supuse que sería eternamente súbita; me condujo por un breve pasillo y me llevó a un recibidor pequeño, abigarrado, en donde lo primero que se puede advertir es esa intimidad que tienen las habitaciones de discreta pobreza donde se vive mucho, esa presencia íntima de las paredes y los muebles muy untados por el cariño humano; es esa intimidad que se parece a un alma. En un rincón del económico sofá dormía una niña chica. Era la nieta del maestro. El hijo mayor de Antoñete me saludó como se saluda a un amigo: con premura y calor, dando la casa.

Chenel me saludó con mano prieta, honda mirada fraternal, breve en palabras, y ofreciendo el asiento, el cigarrillo, la cerveza, el café, con el sigilo de la sinceridad. Y en ese instante me acordé del bienestar que fluye, de un

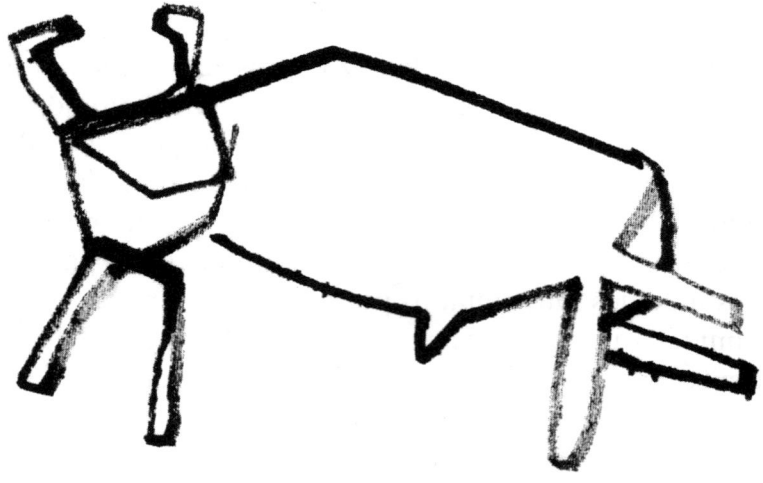

Véronique Bouissière

modo eterno y manantial, de los más intimistas poemas geniales de Machado. Miré esos cuatro seres y me encontré tan claramente entre personas, tan prieto de comunicación, que me sentí cohibido. Recordé que Chenel habla preciso y poco, supe que yo también hablaría poco, mas no temía el silencio: comprendí que el silencio sabría constituirse en la espina dorsal de nuestra charla. Y así fue.

Ya conocía el silencio de Chenel. El tremendo silencio de su toreo (un silencio por soleá, un laborioso edificio de valor y de ritmo) y también el silencio de su persona, su laconismo cargado de presencia, tocado por la majestad, como de quien habita sus horas como si fueran, a la vez, la primera y la última. Recuerdo que esto dije cuando hablé en su homenaje. Nos habíamos reunido unas decenas de personas (toreros y críticos taurinos, periodistas, pintores y poetas) en el Café Gijón, en una tarde calurosa, a almorzar juntos y felices para ofrecerle un homenaje al diestro, contarle nuestra admiración, relacionarle nuestra gratitud. Muchos y bien hablaron aquel día, ante el pudor del homenajeado, que recibía los elogios bajando a veces la cabeza, anonadado, pero dejando que ese instante se viviese a sí mismo. Él sabía que tenía que lidiar aquel toro –sin afeitar– de los elogios, y lo lidió con el mismo dominio callado con que lidia en el ruedo. Antoñete es una inmensa presencia de silencio cargado de memoria y sentido, de peligro y saber, de riesgo compañero y júbilo discreto. Cuando José Carlos Arévalo me invitó perentoriamente a que dijese unas palabras, supe, mientras me levantaba con timidez y decisión, que lo que pienso del toreo de Antoñete lo pienso tan profundamente que puedo improvisarlo en todo instante.

Esto fue lo primero que dije. Agregué que yo siento

un respeto profundo por todo aquel que clava los pies en la arena para aguardar la bellísima embestida de un toro, sea aprendiz o maestro, maletilla o canoso. Dije que todas las maneras de torear son dignas de respeto, pero que sólo hay dos maneras que me son por igual emocionantes: la de aquel que se acerca al animal oscuro y mítico como si fuera la primera vez y la de aquel que lidia, que conversa, al animal oscuro y mítico como si fuera la vez última. El primero nos comunica su alegría y nos llena de júbilo; el segundo, que también es primero, nos entrega su majestad y nos llena de pánico. El uno pone en el presente de la faena todo un cuenco de porvenir y juventud; el otro instala en el reloj de su toreo la larga rumia de los años y la paciencia exquisita de la muerte cercana. Uno tiene ambición, otro memoria. A uno lo puede sorprender la desgracia, al otro lo acompaña. En un toreo suenan canciones y jóvenes puertas que se abren; en el otro suenan consejos y pasos y caminos. Un toreo nos comunica lo alegre de la Fiesta; el otro, lo sagrado de la Fiesta. Y, en fin, con una forma del toreo aprendemos que somos una especie animal privilegiada que conoce la dicha; con la otra forma del toreo comprendemos que somos una especie animal, profunda y única, que conoce el terror, lo piensa y lo domina. Sin embargo –agregué–, la historia del toreo entrega alguna vez, y juntos, el júbilo y la profundidad, una emoción bifronte que nos regala al mismo tiempo un fuego de alegría y una lluvia de espanto. Es decir: en la historia del toreo hay instantes en que un maestro camina por el ruedo como si fuese a torear por primera y por última vez. Y lo consigue. Así es, en mi opinión, el toreo de Antoñete. Y en este instante de la Fiesta –concluí– casi nadie nos proporciona junta esa doble lección, esa doble emoción. Y quien puede, no puede casi nunca. Antonio Chenel, primero y último en sí mismo, estrenador y ensimismado, súbito y elegíaco, sabe, quiere y puede juntarnos casi siempre en su toreo de primera y de última vez. Estamos, pues, delante de lo extraordinario. Le debemos esa sutura en que se juntan lo que empieza con lo que acaba, lo eterno con lo antiguo, la risa con el pánico, la danza de la vida y la suspensa lágrima del grito. Viéndolo torear vivimos la dignidad de la alegría junto a la dignidad del desconsuelo.

Yo ahora estaba en su casa, con él, con su hijo mayor, su pronta nuera y su nieta dormida; compartiendo con ellos un poco de silencio familiar, una hora íntima, unas cuantas palabras. Tomé dos libros de Indalecio Prieto que me prestó Antoñete; yo hacía tiempo que los buscaba, que no los encontraba, y allí estaban, en la callada biblioteca civil de la modesta casa de un torero. La niña chica continuaba dormida. Beatriz miró el reloj y decidió que había que despertarla, bañarla, alimentarla. Chenel se aproximó a su nieta y la miró con amorosa seriedad. Había que despertarla, arrebatarla de la paz del sueño. Le rodeó con la mano y con suavidad un tobillo. Apretó varias veces, muy poco, con cuidado, porque no se sobresaltara. Con lentitud, sabiduría, originalidad y perfección (exactamente igual que cuando lidia) fue despertando lentamente a su nieta, con una mano cargada de conocimiento, como si ya llevase siglos aprendiendo a despertar a criaturas dormidas. Y recordé que es eso lo que Antoñete hace en el ruedo.

[Publicado en *Quites*, n.º 4 (1985).]

Antonio Domènech

Dos naturales en la Maestranza
Juan Luis Panero

Sevilla, 15 de agosto de 1973

Vengo del calor de Madrid al de Sevilla, para hacer realidad una vieja ilusión, un mito personal: ver torear a Antonio Bienvenida en la plaza de la Maestranza.

Lo he seguido muchas tardes y en muchas plazas, desde niño, casi de la mano de mi padre, hasta estos últimos años, a partir de su reaparición en 1971. Sin embargo, nunca he podido ver al torero que más me ha emocionado, en la plaza que prefiero entre todas.

Por la noche, en el tren, han vuelto a pasar por la memoria algunas de sus tardes más recientes. Esos momentos en que el sueño y el recuerdo construyen un escenario perfecto, donde presenciar esa corrida ideal que todos tenemos sólo para nosotros, hecha de fragmentos de faenas, de detalles que siempre supimos irrepetibles.

En el cartel sevillano se han citado: Antonio Bienvenida, Curro Romero y Rafael de Paula. Toros de María Pallarés.

Por la mañana he paseado por el barrio de Santa Cruz. Aire caliente y flores apagadas.

Hacía tiempo que no sentía tanta tensión, una expectación tan creciente, como en estas horas.

Con el sol un poco decaído y una brisa generosa que viene del Guadalquivir he llegado a la plaza.

Antonio, de verde oscuro y oro, torea con el capote. Verónicas de manos bajas, lentas y templadas, chicuelinas suaves y exactas, dominando, atrayendo, engañando, sin hacer necesario el trallazo final. Dejando suavemente que el capote aparezca y desaparezca de pronto.

Cosa inusual en esta plaza –en que la banda tiene un serio concepto de lo que es el toreo– suena entusiasta la música mientras Bienvenida sigue aún con el capote en las manos.

Imposible intentar retener en esta prosa descolorida aquella fiesta de luz, el frágil encanto de su capote, llevando el toro al caballo y sacándolo de allí cuando su intuición y su conocimiento se lo aconsejaban.

Después las banderillas, el brindis y, por fin, la muleta en sus manos. Derechazos, ayudados y aquel natural. Fueron varios excelentes, pero sobre todo uno, en el que este pase y esta palabra, tan prostituidos ambos, alcanzaron toda su emoción, su medida elegancia, precisión y pasión.

La mano izquierda en medio de la muleta tersa y el toro entrando y saliendo como si nada pasase. El arte natural, tan difícil.

Ese arte natural que Bienvenida reflejaba no sólo en este pase sino en todo su repertorio y del que tanto he intentado aprender. Algo que en España se ha dado en los momentos, para mí, más significativos de su arte. Porque, si bien es cierto que existe esa otra España, más típica y tópica, la del esperpento y el exabrupto, el aullido retorcido y la pirueta barroca, el brochazo solanesco y el muletazo destemplado, el clarín que atruena y la retóri-

Antonio Domènech

ca encabritada, la que yo prefiero es esa otra más cercana a lo auténticamente natural. Esa luz que ilumina *Las Meninas,* la prosa del *Quijote* o la poesía de Luis Cernuda, la que se refleja en el piano de Isaac Albéniz o en la guitarra de Andrés Segovia.

A esa España intensa y dramática, pero también inteligente y contenida, he asociado y sigo asociando el toreo de Antonio Bienvenida.

Terminada la faena, que remató con una buena estocada, la afición sevillana se le entregó. Pese a que su ídolo, Curro Romero, tuvo detalles valiosos y su casi paisano, Rafael de Paula, dejó adivinar su arte, el público de la Maestranza –exigente y generoso como debe ser un público– le aplaudió con verdadera pasión mientras daba la vuelta al ruedo.

Lo veo ahora –tantos años después– en el hotel, sonriendo, con una guayabera blanca y aquellos ojos siempre alerta. Estaba muy contento. No sé si, de alguna forma, sospechaba que era su despedida de aquella plaza y que decía adiós dejando constancia del torero que había sido, del que era.

Pasé un año en América –sé que toreó otra vez en Sevilla– y casualmente llegué a Madrid unos días antes de su despedida definitiva, en la plaza de Vista Alegre.

Todos los aficionados saben que en aquella corrida Antonio estuvo discreto y en cambio Rafael de Paula se afianzó como un torero memorable.

A la salida –Antonio estaba ya en su coche– me acerqué a despedirme. No podía imaginar hasta qué punto era un adiós.

Algo más de un año después lo volví a ver. Muerto, en su piso de General Mola.

Con una emoción que hoy todavía me llega, frente a su cadáver, frente a la muleta que en el ataúd le tapaba el pecho, en ese último y tremendo natural definitivo y para nadie, recordé aquella corrida sevillana y aquel natural, al filo de las tablas, fugitivo y eterno, símbolo de una tarde, imagen de la vida.

Sevilla, 22 de abril de 1985

Hace doce años que no he vuelto a Sevilla, desde aquel agosto de 1973. Años de América, de Cataluña, lejos del mundo del toro. La retirada de Antonio Ordóñez –junto con Bienvenida, mi otro torero predilecto–, la muerte de Bienvenida, el cansancio y las pasiones que se van perdiendo.

Algunas corridas aisladas: México, Bogotá, Barcelona, entrando y saliendo, casi furtivamente, de aquel mundo mítico.

Noches melancólicas, en que releyendo la *Historia del Toreo,* de Néstor Luján, la vieja pasión desafiaba, casi siempre con éxito, al olvido.

Hoy he regresado a Sevilla. A esta Feria de Abril. He venido a cumplir dos deseos: pasear otra vez por las calles, tan minuciosamente recordadas, del barrio de Santa Cruz, y ver una corrida de toros.

En el cartel: Antoñete, Curro Romero y Rafael de Paula. Toros de Carlos Núñez.

Antoñete se retira y viene a despedirse de la afición sevillana. Es un torero al que he visto poco y con poca suerte, excepto una tarde lejana en Madrid.

Por la mañana, paseo por la ciudad bajo una lluvia insistente y nórdica. Siento algo desabrido en el ambiente y la humedad de la lluvia se confunde con un aburrido repaso a esos años ausente de estas calles.

Llego a la plaza –otra vez la Maestranza– bajo un cielo encapotado, gris y antitaurino.

Antoñete, de verde manzana y oro, torea a su segundo toro. Ha estado bien con el capote y su banderillero, Manolo Montoliu, ha puesto dos pares extraordinarios.

Empieza su faena de muleta. Derechazos largos, templados y dominadores. En la plaza se ha hecho ya ese famoso silencio, mezcla de atención y emoción.

Ahora empieza a torear al natural. Una primera tanda que parece inmejorable. Elegancia en el movimiento, la muleta sin un pliegue, la muñeca abriendo y cerrando el pase y el toro, embebido de trapo, pasando una y otra vez.

Si esa tanda parecía inmejorable, la siguiente la superará. Asisto, y lo sé, a uno de esos momentos únicos que a lo largo de los años me han regalado las plazas de toros. Al segundo natural, la plaza entera se ha puesto de pie. De nuevo, al filo de las tablas y en este mismo ruedo, otro gran torero ha escrito ante mis ojos una página honda y auténtica –con la sencillez casi inalcanzable de la naturalidad– de la historia del toreo y de Sevilla.

Rafael de Paula, voluntarioso en su segundo, Curro Romero inexistente, tampoco contaron esta vez para la afición sevillana que como doce años antes, con sabiduría y generosidad, premiaba la faena, perfecta, de otro gran torero en retirada.

Mirando a Antoñete dar la vuelta a este ruedo, pasear lentamente esta arena dorada, he sentido fundirse el tiempo, deshacerse en unos minutos de intensidad y asombro, esos años.

El conjuro de la muerte y del paso del tiempo que en los toros alcanza para mí su instantánea más real, su misterioso prodigio, ha vuelto a producirse, bajo este cielo de turbia primavera, en la muleta al natural de un torero que se despedía.

A la salida, como a través de un sueño, he paseado bajo la lluvia, que caía otra vez con fuerza, estas calles, he visto el Guadalquivir, ahora oscuro y borroso, pero también aquella luz de agosto de hace años, que se mezclaba con la gris de hoy, sostenidas y acariciadas por las muletas de Antonio Bienvenida y de Antoñete.

Esas muletas, dibujadas de magia y desplegadas al toro, que se seguirán moviendo en este aire de Sevilla y en el ruedo de mi memoria mientras mi tiempo dure.

[Publicado en *Quites*, n.º 4 (1985); posteriormente se recogió en el volumen de artículos y prosas de Juan Luis Panero titulado *Los mitos y las máscaras* (Barcelona, Tusquets Editores, colección Marginales 136, 1994).]

Manuel Antonio Benítez Reyes

Rafael de Paula en sí mismo
Felipe Benítez Reyes

Nunca he sido aficionado a los toros en sentido estricto, pero fui aficionado al toreo de Rafael de Paula, supongo, no sé, que porque este torero representaba una anomalía mágica dentro del toreo: alguien capaz de convertir una tarde rutinaria de toros en un espectáculo de indecisión y dramatismo, de misterio y desgarro, de frustración o de gloria. Siempre fue Rafael un torero imprevisible... incluso para Rafael de Paula. Una moneda lanzada al aire. Y había veces en que incluso la moneda desaparecía en el aire: nada. Porque Rafael de Paula podía ser un torero invisible, espectro de sí mismo, perdido allá en sí mismo o de sí mismo, entre miles de espectadores vociferantes que se tomaban la molestia de abroncar a un espectro.

Cuando Rafael era apenas un adolescente, Juan Belmonte lo llamaba para que tentase en su finca de Gómez Cardeña. Allí le ideó el nombre artístico José María de Cossío. Y ahí arranca todo: una trayectoria en la que predominan las sombras, entre fogonazos deslumbrantes.

Hoy, Rafael de Paula es un torero retirado, motivo

de fabulaciones y leyendas. En realidad, era ya leyenda cuando estaba en activo, y la plaza parecía una unánime respiración contenida cuando el jerezano se abría de capa, expectante la afición ante los designios de esos duendes que vienen a ser la metáfora de la posibilidad de lo casi imposible. A veces, esos duendes veleidosos disponían que algún que otro toro se fuese vivo al corral, pero, en el fondo, ¿quién puede tomarse en serio a esos toreros que son capaces de matar todos sus toros? La magia también debe fallar. Y son los toreros irregulares los que conceden credibilidad al toreo, que no puede aspirar a convertirse en una ciencia exacta, en un guión fijo, en una expectativa previsible, en una… función *mecánica:* a veces hay que tocar la gloria con las manos y a veces hay que morder el polvo. El problema es que el polvo puede morderlo todo el mundo, y que la gloria pueden tocarla muy pocos. La verdadera gloria: la gloria de convertir un espectáculo canallesco y atroz en una ceremonia estremecedora. Rafael era de esos, cuando lo era.

Decía Oscar Wilde que el público es un ente asombrosamente tolerante, capaz de perdonar todo, salvo el genio. A Rafael de Paula no le perdonaron el suyo. O mejor dicho: el público no parecía comprender que su genialidad tenía una cara y una cruz, y que ambas formaban parte de una única esencia. Sólo el genio tiene derecho a no serlo. Sólo el genio puede ser la sombra patética de sí mismo sin dejar de ser quien es, porque esa sombra patética es también protagonista principal de la trama.

En mayo de 2000 estaba yo fuera de España. Era feria en Jerez y Rafael de Paula compartía cartel con Curro Romero y Finito de Córdoba. Llamé a Silvia, mi mujer, y me dijo que Rafael se había dejado vivos sus dos toros y que se había arrancado la coleta. Había debutado con picadores en aquella misma plaza en 1958.

Unos días más tarde, escribí el siguiente artículo:

«Rafael de Paula se ha ido del toreo del mismo modo en que ha estado durante más de cuarenta años en el toreo: de un modo improvisado y trágico, desgarrado y pasional, con esa dignidad en carne viva de los perdedores. Se ha ido de los toros en medio de un arrebato, porque su vida profesional no ha sido otra cosa que eso: un arrebato milagroso, la extraña religión estética de un hombre aterrado del poder de los dioses y de los duendes, tanto de los malos como de los benéficos.

»Rafael de Paula se ha ido porque se puede luchar contra los toros, pero no contra el tiempo, aunque él ha conseguido del tiempo una prórroga no menos inexplicable que temeraria. En su lucha contra el tiempo, Rafael de Paula ha tenido que luchar además contra los públicos feroces, contra los periodistas amarillentos, contra los empresarios gangsteriles... y contra sí mismo tal vez, porque el enemigo principal lo llevamos siempre dentro, por más que andemos siempre transfiriendo responsabilidades.

»En nuestros días, un matador de veinte años se lastima el dedo de un pie y se retira durante meses a una finca de alcornocales para restablecerse. Con sus rodillas rotas en pedazos, Rafael de Paula se ha puesto durante años y años delante de los toros con la sola defensa de su anómala sabiduría, de su instinto oscuro, de sus muñecas lentas y barrocas. ¿Esos célebres miedos de Rafael de Paula? No es más valiente quien menos miedo tiene, sino aquel que, aun estando muerto de miedo, lleva a cabo faenas de valiente. Con sus piernas de trapo, con sus rodillas convertidas en una chatarrería gracias a la cirugía experimental de los años setenta, Rafael de Paula ha sido el torero más portentoso, más imprevisible, más excéntrico, más desvalido y más hondo de cuantos ha visto uno, y tardará mucho en nacer –si es que nace– alguien que lleve el oficio de torear a donde él lo ha llevado: al territorio de la pura especulación artística, al ámbito irreal de los arquetipos, al grado de la ensoñación inexplicable.

»Con su toreo de sonidos negros, con su toreo de concepción única y enigmática, Rafael de Paula ha ido siempre, en vaivén, de la gloria al fracaso, porque su apuesta era esa: o todo o nada. La perfección o el desorden. El milagro o el vacío.

»Rafael de Paula, hace apenas unos días, fue vencido por el tiempo, como lo seremos todos más tarde o más temprano. Tenía que matar dos toros, pero comprendió que lo más lógico sería que cualquiera de esos dos toros lo matara a él.

»Rafael de Paula, en fin, no ha entrado ya en la historia del toreo, sino en la leyenda del toreo, en ese espacio mítico reservado a quienes logran convertir las leyes de un arte en una ley propia. Un arte sanguinario y tragicómico, en este caso, convertido en un juego de embriaguez dionisíaca y de apolíneo horror.

»Rafael de Paula se ha ido. No pudo matar sus dos toros, en Jerez, y se arrancó la coleta sin ceremonias emocionales, sin protocolo, sin pensarlo. Con los ojos llenos de lágrimas, con lágrimas de artista valiente y herido

Manuel Antonio Benítez Reyes

en su ser, derrotado por el tiempo, se fue al callejón a matar su pena intensa, si es que la pena intensa tiene muerte.

»A sus sesenta años, Rafael de Paula se ha ido, pero su leyenda no ha hecho más que empezar».

Por una quimera de juventud, mi padre se metió a empresario taurino. Llevó algunas plazas portátiles, apoderó a algunos novilleros que se quedaron en menos que nada y, como es lógico, se buscó una ruina. Yo era muy niño, y los toreros venían por casa, en la que teníamos avíos de torear, y trajes de luces infantiles para jugar al toro a la sombra de la torre conventual de la Merced, y los domingos de temporada tocaba corrida, con su caos reglamentado sujeto a las ventoleras del azar. Quiero decir que para mí el toreo está en el territorio de la infancia, en una región mítica de la memoria. Al margen de ese territorio, fuera de esa región, en mi presente, casi no existe, ni me interesa. Pero ya he dicho que Rafael de Paula estaba también al margen del toreo a fuerza de estar en el núcleo mismo del toreo: lo suyo era otra cosa, otra cosa que no me encuentro en condiciones ni siquiera de sugerir, por resultarme inefable la descripción de un raro milagro, de rareza indefinible, de una paradoja confusa: el toreo de Rafael de Paula estuvo, en realidad, por encima del toreo mismo. Representó la sublimación de un arte a través de una concepción irrepetible de ese arte. No rompió ningún molde: se limitó a crear un molde nuevo. Y luego lo rompió, como es lógico.

En 1985, conocí a Rafael de Paula en un bar de Jerez de la Frontera: un dandy calé con terno de paño *british* y camisa de seda, con la arrogancia del tímido, de mirada escrutadora, entre curiosa y desconfiada. Nos hicimos amigos, viajamos juntos, juntos celebramos los éxitos y juntos nos tragamos los fracasos.

Pero esa es ya otra historia.

[Texto inédito, cedido por el autor para este volumen.]

Antonio Domènech

Pepe Luis
Fernando Quiñones

Feria del 48 o el 49, mucho antes de la mili. Pisaba Sevilla –y quizá el mundo– por primera vez. Tarde cálida de abril, el billete de tercera desde Cádiz, solo en el tren repleto, la magia y el mito sevillanos trabajándome desde siempre. Y penetrar la ciudad por la vía natural a partir de la estación de San Bernardo, la de su barrio: Jardines de Murillo, Santa Cruz, Patio de Banderas, Giralda mora con apéndice de catedral rumí: un éxtasis pisar, ver la leyenda. El galgo de ayer, el poetilla que uno era, se decía: «Que no, aquí no puede tener sitio el dolor. Ni la muerte». Llevaba veinte duros para todo, incluido el regreso a Cádiz, sendas gradas de sol para las dos primeras de Feria, que es a lo que mayormente iba uno, y una hora después allí estaba él, mi supermito, a punto de echar el paso desde la manga de cuadrillas, de verde moscardón y oro.

Los castellanos Luis Miguel y Pepe Dominguín, *El Choni* de Valencia, fueron sus compañeros de terna aquellas dos tardes de fortuna. Luego lo vería en otras plazas andaluzas y en Las Ventas, hasta los sesenta recién iniciados, doce o quince corridas. Jamás conocí torero igual

–nunca lo traté personalmente– y he oído decir lo mismo a muchos; la magnificación nostálgica del pasado suele equivocarnos, pero en esto creo que no yerro.

Para una entrevista muy reciente, creo que en *Abc*, declaró Pepe Luis que recordaba haber toreado una tarde, en su Maestranza, de modo enteramente satisfactorio. Las palabras no eran justamente esas, pero sí su sentido, y desde luego quería decir platónico en vez de satisfactorio; me conmovió que, más que una agradable humildad, que también la había, hubiera en esa declaración una exigencia suprema, la valoración del arte sólo reservada al genio. Que semejante artífice del capote únicamente se recuerde en los lances de aquella tarde, nada más que una, indica una entera primacía de la vocación sobre la profesión o sobre el éxito, un rigor y un sentimiento estéticos no menos severos, para no salir del marco táurico, que las concepciones, preeminentemente técnicas, de un Domingo Ortega en cuanto al dominio de las reses.

Ahora voy más de antitaurino que de otra cosa, pero a ese grado artístico de Pepe Luis Vázquez lo tengo en otra dimensión, y he gozado con que lo prolongase muy dignamente, aunque no con tal resplandor, su hermano Manuel, y con que lo sustente hoy su hijo, diversamente tocados ambos por las precisiones y fragancias del predecesor.

La brevedad de las faenas y sus ingrávidos sabor y densidad eran característicos del quehacer pepeluisista. Allá por los primerísimos sesenta, en la Plaza de Madrid, no más de ocho o diez muletazos le dio al toro de su reaparición, un berrendo en negro de Sánchez Cobaleda. Nadie, ni los menos sensibles, dejaron de sentirse saciados con faena tan corta, y mi mujer, veneciana recién llegada a España, debutante en plaza y, como Quevedo y Borges, partidaria del toro, no de los toreros, percibió de lleno, en aquel contado muleteo, cuanto de la mal llamada Fiesta vale la pena percibir.

No temo afirmar que, incluso en sus frecuentes inhibiciones y aliños, la radical torería del mayor de los Vázquez lograba hacer sentir sus efluvios singulares, su imperio diferente. Aquéllas no eran labores desgraciadas, sino omitidas, que es muy otra cosa, y omitidas sin torpezas, dilaciones ni irritantes ficciones de quiero y no puedo pero a ver si os embauco. Tan en un periquete se estaban llevando al toro las mulillas que, muchas veces, la gente se veía sin tiempo ni para abroncar al espada a sus anchas. Una endemoniada destreza en levantar el brazo y dejar a la primera, en la yema de la muerte, algo menos de medio estoque hijo o nieto del rayo, consumaba aquella feliz brevedad.

Viéndolo ayer o rememorándolo hoy, sólo un nombre insólito, nada taurino, asocio al de Pepe Luis Vázquez: el de Mozart. La hondura alegre; la fluidez aborrecedora de todo énfasis viriloide; un pudor elusivo de dramatizaciones; una pureza exenta, de máximos riesgos y dificultad aunque ofrecidos con una especie de júbilo fácil, casi infantil, elegantemente despojados de toda prepotencia; la capacidad de urdir agraciadas sorpresas y la de dejarnos con ganas aun habiéndonos quedado más que satisfechos, pueden considerarse rasgos comunes del músico de Salzburgo y de aquel torero de Sevilla (como, en otro plano y no siempre, de Antonio Bienvenida). Y así lo confirman, clara e inocentemente, los elogios y metáforas que se les dispensaron y dispensan, esas repetidas invocaciones a alas y suavidades, ligereza en profundidad, ángeles tutelares, gracia.

Pero he aquí que muchos confunden, y han confundido siempre, a la gracia con el gracioso. No entienden el alcance y el sentido verdaderos de la Gracia con mayúscula, que es la del mejor Rafael Alberti, la de la novela *Impresiones de África*, la de Renard o Ramón Gaya, la de cierto Eric Satie o el Prokofiev de la *Sinfonía clásica,* la de Ramón Gómez de la Serna o Woody Allen en cine, por no seguir. Como la del toreo de Pepe Luis Vázquez, ese tipo de Gracia, aun encantándola, es adscrita por la sensibilidad corriente a una difusa idea de intrascendencia no ajena a la hermosura y al agrado, pero sí a la idea más común de importancia o grandeza. La desdramatización no goza de buena prensa, no es comercial que se dice hoy, y *lo serio* precisa, para los más, de un *recital* explícito que algunos primerísimos artistas rechazan, por obvio y tosco para ellos y para los auténticos degustadores, y cuya prescindencia suele situarlos en la equívoca linde de *lo gracioso*. Es, un poco, como si el gran público dijera: «Usted será mucho, pero sáquele partido, ¡que se lo teatralice usted, hombre, ejérzalo pero subrayándolo, tírenoslo a los ojos, gesticule forzándonos a que lo entendamos!... Sólo así le declararemos perfectamente importante y serio».

Sin embargo, muchos de los mejores no se avienen a obedecer esa rentable consigna, que es, por otra parte, el único refugio de los peores.

En su esencia, y en todas sus expresiones lidiadoras, el arte de Pepe Luis Vázquez formó, por suerte, en las filas de esos rebeldes. Sus lances a pies juntos o cargando la suerte, las medias y chicuelinas a la antigua, los naturales y redondos, engendrados de frente y desenvueltos de costado, los *kikirikís, cartuchitos,* recortes y adornos de Pepe Luis, aun en su aclamada y alígera belleza, rehuían tenazmente, admirablemente, la mostración de ese patetismo dramático que tantos duros y tantas orejas proporcionan. Y con eso en su contra, fue el siempre esperado con tanto escepticismo como pasión, querido con ese querer difícil y duro, pero fiel, que, desde Antonio Fuentes, profesa el graderío a los grandes matadores de actuaciones inseguras, a los del cara o cruz sin calles de en medio: Rafael el Gallo, Cagancho, Antonio Bienvenida, Manolo Vázquez, ese Curro Romero, hoy, que es un buen torero pero que, a mi entender o sentir, no llega a dar la talla artística de aquéllos.

Pepe Luis, ah sí, bien pocas veces escatimó aquel *quite del perdón* en sus corridas aciagas, y sin que se oyera nunca un «¡no: pues ahora te vas!». Porque eran, aquéllos, dos minutos susceptibles, no ya de justificar, sino de embellecer una tarde entera hasta convertirse en lo único recordable de ella. Dos minutos irrompibles años y años más tarde. Irrompibles tal día como el de hoy, al borde de este papel y de esta máquina de escribir, saltando más allá de este punto final.

[Publicado en *Quites*, n.º 5 (1986).]

Pedro Serna

De purísima y oro
Joaquín Sabina

Mis hijas no han visto nunca (ni ganas) una corrida de toros: pa lo que había que ver... Pero su padre les contará, babeando de orgullo y emoción, que una tarde en Linares, en el 60º aniversario de la muerte de Manolete, parece que fue ayer, y minutos antes del torniquete de corbatín que no impidió que regara la arena con su sangre, le brindó un toro José Tomás, esta vez, sí, de purísima y oro.

La historia viene de lejos: hasta el abajo firmante, en el dorado ocaso de Curro y Antoñete, estaba a punto de pedir el carné de miembro de la sociedad protectora de animales, cuando empezó su vida pública José Tomás. Como tantos otros que, después de veinte años, o de sesenta, ayer, en Linares, han vuelto a las plazas para respirar ese perfume de verdad, de misterio y de leyenda que solo él encarna a manos llenas. Nadie que uno haya seguido respeta tanto al toro y a sí mismo hasta el punto de no concederse la más mínima ventaja. Nadie. Su terreno es el del toro. Lo he paladeado en sus cuatro etapas: al principio, la revelación; antes de retirarse, la duda;

retirado ya, la tortura interna, la reflexión y, por fin, en su gloriosa y apasionada vuelta, la insobornable madurez, la confirmación cabal de la leyenda. Lo he aplaudido, he sufrido y gozado con él, de qué manera, en Barcelona, Madrid, Lima, El Puerto, Almería, Linares, etcétera. Estuve en la Monumental, del brazo de Serrat, soportando en trance la kale borroka antitaurina la tarde de su ruidosa reaparición. Incluso alguna vez, hace un lustro, me sorprendí a mí mismo en un tendido de Las Ventas peleándome a gritos –sí, como un energúmeno, ¿pasa algo?– con los inevitables antitomistas (los maniqueos, ¿recuerdan?). He disfrutado de su palabra, tan sabia como escasa, de su inquietante mirada y de su noble amistad estos años de ausencia de los ruedos y puedo asegurarles que si, como decía el clásico, se torea como se es, no hay mejor paradigma que Tomás. ¡Qué falta hacía! Como es carne de copla y de soneto he escrito mucho sobre su arte, pero siempre se queda uno tan corto... ¿Cómo estar a la altura de la sangre? Empecé a sospechar cuando me hizo saber por terceros, con exquisita discreción, que quería invitarme a Linares. En el viaje de ida corneaban isleros mi barriga. Hotel Cervantes. Dos entradas de barrera. Como en una postal sepia me acordé de mi padre, con quien iba de niño a la feria de San Agustín. Mesa camilla y pantalones cortos. Sabía, eso sí, que haría el paseo de purísima y oro. No como Manolete, que fue de palo rosa, sino como la licencia cromática que me permití en una canción que ayer acabó de unirnos para siempre.

Tendido 2. Bordados de capote en la barrera. Allá se vino con esa solemne naturalidad marca de la casa que atesora como un sacerdote que oficiara un rito pagano y

Pedro Serna

olvidado. Yo me desmonteré también, temblando (pedazo de panamá, oiga). No diré lo que dijo en el brindis. Eso queda para mí. Pero supe lo que se siente con una montera húmeda en la mano cuando el torero, mi torero, se inmola en el culto sagrado de la vergüenza torera, la pasión y la sangre. También sé que no podré explicarlo. Me haría falta la pluma de Joaquín Vidal con ese tono tan suyo de moderno revistero antiguo. Luego la enfermería, la del cloroformo, la de Manolete, y después los teléfonos ardiendo en el hospital ya de vuelta a Madrid, con una luna como de albero, más redonda y más naranja que nunca, porque toco mañana en Illescas, y con Vinatero (así se llamaba el de Núñez del Cuvillo) esta vez en la barriga y estatuarios en el alma, sintiéndome, perdonen la arrogancia, casi culpable. Cúchares me dispense pero no puedo dejar de pensar que, no tan inconscientemente, el de Galapagar hizo lo posible y hasta lo imposible, porque el toro se las traía y miraba y avisaba, para estar en la misma camilla, en el mismo gajo de terreno, en el mismo purgatorio con azogue del espejo en que se mira: Manuel Rodríguez Manolete. ¿Se trata de un loco? Nada más lejos. Se trata, sobre todo, de un hombre, de un torero, de un artista, con un orgullo que no deja sitio a la vanidad, de corazón caliente y sangre fría con creces derramada. De poetas, no de paparazzis, de telediarios, de informes semanales, no de inmundos tomates. Bendito sea. Más místico que épico. Más heterodoxo que académico, con más duende, más único que nadie. En tiempos de emociones tan triviales, tan de usar y tirar, la mano izquierda de Tomás redime. Que se lo pregunten a Vicente Amigo, a Jorge Sanz, a José Ramón de la Morena y a tantos otros, incluido el sublime Morante de la Puebla, que ayer lo vio, estupefacto, como yo. A estas alturas de cantantes todo a cien, poetas muertos y controles antidoping, me queda una sola adicción y la más grave: se llama José Tomás y, como cura de todo, no tengo intenciones de curarme. Gracias, amigo. Salud, maestro. Cuídate lo justo.

[Publicado en *El País* el 31 de agosto de 2007, dos días después de que José Tomás recibiera una cornada cuando lidiaba su primer toro en la plaza de Linares (Jaén).]

La divisa del recuerdo

Ramón Gaya

Reflexiones taurinas de un convaleciente
Francisco Brines

A Tomás March

Después de algunos años de no ir a los toros, y no por otra circunstancia que la de mi deuda a sus hondas emociones, olvidado de las repetidas y rutinarias ficciones que me los hicieron aborrecer, vuelvo ahora a ellos con la esperanzada ilusión del convaleciente, mas también con la precaución del avisado. Escogí, pues, cuatro corridas en la última Feria de San Isidro, de tal modo elegidas que me permitieran ver en dos tardes a los tres toreros que, por razones distintas, me interesaban: Antoñete, Luis Francisco Esplá y Paco Ojeda.

Otro había del que recuerdo, cuando los dos éramos con toda certeza jóvenes, él en el ruedo y yo en la grada, muy intensas y precisas emociones; pero Manolo Vázquez tan sólo toreaba una tarde y no me fue posible asistir; dudo, además, que pueda ofrecerme ahora aquellas antiguas y aún vivas intensidades. Se despide definitivamente, pero a ningún torero de verdad se le dice adiós, ya que todo lo que nos ha aportado vida a nuestra vida permanece y, si acaso se nos aleja, lo hace a la manera de nuestros propios años, porque así lo exige la fantasmal sustancia de la vida. Sin embargo, el torero que nos muestra el remedo del arte, el que no es ni lo será nunca, por muy triunfador que nos lo presenten, o se nos presente radiante en su juventud, tiene presto, inmediato, el rechazo de nuestra atención. Son los más. No importa que vengamos repetidamente obligados a verle, nunca lo será por él. La razón no puede ser más sencilla: el toreo es arte o no es nada. O, a veces, y en más ocasiones, aunque en tono menor, mas siempre deseable, también puede ser conocimiento y estética: arte, en suma, aunque no el más grande. Pienso que todo esto sirve para la poesía, la música, la pintura. De ahí que en este punto se sea, porque se debe ser, inmisericorde.

Manolo Vázquez fue en su día perjudicado grandemente por el recuerdo de su hermano Pepe Luis, más ángel que torero, pues parecía que toreaba con tres alas a la vez. No recuerdo a nadie con tanta abundancia de gracia, y que dejara en el espectador una emoción más súbita y ebria. En ese terreno su recuerdo podía perjudicar a todos sus compañeros, pero la vida es piadosa, y ante el presente no nos hostiga con la presencia mayor, pero sí suele hacerlo en lo que se le parece o es familiar. Vemos por vez primera a un pintor cuya personalidad nos interesa, y no se nos ocurre ponerlo en la comparación de Picasso; sí lo haríamos ante alguien que nos lo recordara, o ante un hijo que, aun siendo distinto, se iniciara en la pintura. Esto sucede en los pintores con ferocidad, pues su presencia física es siempre la presencia de los lienzos. El toreo, que es materia hecha sólo de tiempo, o acaso de memoria, tiene otro tránsito, pues su presencia es su desvanecimiento, aunque puede acceder a la leyenda, ya que tiene su destino glorificado en el mito. Es un arte que, al desaparecer el objeto, no permite la revisión crítica. Sólo los que llegaron a ver a Joselito o a Belmonte han podido compararlos, quién sabe si influidos o no por la nostalgia, con Antonio Ordóñez o Pepe Luis. (Compararlos, para su valoración, en la intensidad recibida, ya que no en los estilos, pues el arte, por serlo, es siempre distinto y personal.) De lo dicho es fácil deducir que en el toreo la luz radiante dará más oscuridad al hermano, por cercano, que al hijo, y aún a éste, apenas o nada. Pocos toreros he visto que hayan toreado de frente, y a la distancia que el riesgo le exige a la belleza, como Manolo Vázquez.

Antoñete, en horas crepusculares, tiene otra significación, la que le da al agua viva la mutación del cauce. Me explicaré. Recuerdo la primera vez que le vi torear, en la plaza de Valencia. Nunca supe de nadie con una mayor presencia adolescente; iba vestido de cielo y oro. Ya su toreo se mostraba con sorprendente hondura, pero con un halo de temblor a la vez que quizás no fuera más que aquella fragilidad del cuerpo. Recuerdo que, ante un amigo que todavía no había podido verle, hice la pintura de su toreo por aproximación a lo conocido. Barajé los nombres de Julio Aparicio y de Antonio Ordóñez, en la seguridad de que estábamos, como en el caso del primero, ante un lidiador poderoso, con una definida y natural estética, pero con algo más, pues parecía que podía acercarse al artista. El agua que atesoraba su toreo era clara, y así sonaba en la tarde, como otros la esconden oscura y misteriosa. Pero el agua, sea por oscuridad o por transparencia, es siempre un cuerpo invisible, y sólo nos es permitido oírla, y lo que se nos concede ver, la superficie, que es siempre aparición y adivinación (forma y ensueño), lo es en el vestido del cauce. Es a través de éste como tomamos posesión del río. Igual ocurre en el amor, en que sólo a través del cauce limitado del cuerpo, logramos o intentamos la escondida e infinita posesión.

Han pasado los años y no ha mermado el agua, y su permanencia es su claridad y su sabor, pero ya el cauce es otro, tan distinto en el caso de Antoñete, que la emoción es, siendo la misma, otra. Vemos a un torero cincuentón, con más estampa de peón veterano que de rutilante maestro, un punto desfondado. Y así es, hasta que oímos correr el agua. Y aquí el milagro. No hay torero hoy en activo con mayor elegancia que él ni, cuando torea, las convergentes curvas del torso y la pierna hacen conjuntamente una línea más grácil y sólida a la vez que la de este diestro veterano. Todo es depuración, así la elegancia como el conocimiento: lo externo y lo interno. De ahí que su andar, la distancia y colocación en el cite, la despedida del toro o su acogimiento, todo lleve el sello de la andadura aquietada y solemne del río avanzado, de la tarde que muere con belleza. Ya no hay temblor; si acaso un sutil velo. Y un olor penetrante de jazmín.

¿Qué es lo que hace al torero? Metafóricamente le he llamado el agua. ¿Y cuál es el agua esa? Si tratamos de racionalizarla nada hallaremos, cuando lo es todo. Repetidamente se ha dicho que al torero lo hace el sentimiento. Para mí, ello son zarandajas. Al torero lo hace la injusticia del mundo, es hijo del inmerecimiento, como todo poder creador, y como lo es la belleza. Desciende la gracia sobre él, porque así lo quiere un mundo mal hecho y, a la vez, benéfico. Con sentimiento, con un gran sentimiento torean muchos, pero como no nos sirven, no nos lo parece. Es preciso torear desde él, desde la emoción, eso sí, pero sólo suenan aquellas aguas. Hasta puede que otros, que nada son, incluso *se sientan* más a sí mismos. Los adolescentes escriben versos con el agua de los ojos, y sólo dejan en los demás tediosa sequedad o la benevolencia de la sonrisa.

Si el perfume de Antoñete era el del jazmín, el de Antonio Bienvenida era el de la rosa, pues así de naturales y perfectas, en su brevedad, eran las faenas últimas que nos entregaba. Y si lo señalo es porque también su cuerpo era aparentemente una desgracia. Mas ante el toro, y con el toro, su plasticidad sólo era comparable a la rosa. Tenía su perfecta composición, esa gracia, su circularidad, su fragancia. Y, sin embargo, todo aquello lo *sabíamos* así en función de ese cuerpo ya decadente. El toreo, precisamente porque es arte, es un continuado misterio.

Si hoy pisa los ruedos un torero necesario, ese es Esplá. Cuando la monotonía, el bostezo, la banalidad, se habían apoderado de la Fiesta surge un diestro para quien la profesión tiene una triple exigencia: de conocimiento, de imaginación, de estética. Esplá nos ha traído por su real gana (que no es sino real afición) más renovación plástica, más viejo sabor, que en diez años de toreo todos sus compañeros juntos. Si en Antoñete saboreamos la solera de *su* toreo, Esplá quiere que saboreemos, en su hacer, la solera *del* toreo.

Nunca con él está acabada la corrida; en cualquier momento puede ser precisa su intervención, y con ella surgir el detalle torero, o acaso la esencia torera, porque todos los toros, y no sólo los suyos, le están exigiendo, sin ir más allá nunca de los derechos y deberes que le corresponden. Y no son sólo posiciones del cuerpo, como sentarse en el estribo mientras espera, no sabemos si a que termine la suerte el compañero que está banderilleando y al acecho él del quite, o a que Manolo Hugué regrese de donde se fue para demorarse en su dibujo; puede hacer un quite a un peón en apuros, y a la vez enseñar a los compañeros de éste cómo se corre un toro por toda la plaza a una mano y, a los matadores, cómo echarse después con gallardía el capote a la espalda mientras frena la propia carrera. Puede llenarnos los ojos de belleza en la espera de la muerte del toro dejando en el morrillo, como si se tratase de un ramo de gladiolos rojos, la recogida muleta. Señalar al caballo picador el terreno que la querencia del toro exige, como antes haber ido a su encuentro para escoltarle. Y un contar y nunca acabar de detalles, estampas y bellezas. No es la innovación, es la tradición; y, con ella, las esencias y la variedad. Y si el toreo es desvanecimiento, y en él late directamente el peligro del olvido, esta fiesta de resurrección es abundancia, encuentro de nuevas realidades.

Es Esplá un banderillero que prende excelentes pares, mas aun en aquellas ocasiones en que así no ocurre resalta siempre su extraordinaria brillantez. El entusiasmo de la plaza queda tan alto, que la expectativa ante la faena posterior se encarece. Y ello le perjudica, pues no es de los escasos y privilegiados artistas. Sólo acentuando la claridad en el dominio, o derrochando el buen gusto en la plasticidad, y una peculiar sabiduría que de ello transciende, mantiene la emoción de la faena, y aun se acrecienta para algunos, entre los que me cuento. Ocurre que a este torero no le vemos en competencia con sus compañeros, sino consigo mismo (con él ante cada toro), y es fácil ver cómo acepta el reto que el animal, con sus dificultades o por sus peculiaridades, le manifiesta. Es una voluntad de hacer las cosas, de lograrlas, y de no aceptar el camino de los recursos fáciles, sino de llegar a conseguir que lo arduo parezca fácil. Porque en el toreo lo doloroso de la dificultad, o el miedo al peligro, son cosas muy vivas del torero, pero escondidas, y al espectador sólo debe ofrecérsele el gozo, ese que también vive, y con más intensidad, quien lo crea.

Con la mayoría de los toreros sabemos ya lo que vamos a ver, pues de antemano tienen una sola falsilla de faena, y me refiero a la faena del triunfo. Esa la aplican a todos los toros por igual, pues su capacidad de sueño se agota en uno solo, y es pertinaz; hay quien a esto lo denomina pesadilla. Siempre tocan el mismo pasodoble, siempre oímos los mismos platillos. La única variedad en ellos la encontramos en las diferentes maneras de fracasar, pues es entonces el toro el que dicta, y éste no lo hace, como es natural, desde la rutina, sino desde su irreflexiva espontaneidad. Baila entonces el torero al son que le tocan, como debe ser. El resultado es para el espectador un sarcástico chorro de imaginación. Nada de esto ocurre con Esplá, pues él sabe muy bien que no existe una faena pensada o ideal, sino una faena concreta y adaptada a cada toro, y que sólo se puede ver, porque se ve a medida que se hace, sobre la marcha. Es la presencia y la conducta del toro la que irá señalando al torero el camino que debe seguir. Ya son varias las veces que he visto cómo Esplá, en un capotazo que no es adorno, ni busca aplauso, cambia una determinada querencia o una torcida predisposición del animal. Sólo desde ese cambio logrado podrá ya el torero acariciar, ante ese toro, el logro de la emoción estética; mas sabiendo que quedan aún muchas cosas que hallar, y que esa faena sólo puede conocerse en el momento en que se está haciendo. (Es también ésta la manera que tiene el poeta de conocer el poema, pues suceden, al mismo tiempo, revelación y escritura.) Trata siempre el alicantino de imponer su voluntad, su dominio, al toro, desde el claro conocimiento; esto hace que intente quizás lo difícil, porque debe, lo cual puede acarrearle alguna vez fracaso ante el público, pero nunca lo imposible, lo que no debe, ya que significaría el fracaso ante sí mismo. Y si esto es así con la muleta, también lo es con la espada, y estoy seguro de que será Esplá el primer torero que, en los últimos cuarenta años, domine la suerte de recibir, y no sólo porque puede, sino porque no teme que ello le acarree, de momento, algunas frustraciones. Antonio Ordóñez intentó la suerte, pero no persistió en ello. Creo que Esplá, con otro pergeño vital, lo hará posible. Cita desde más lejos que el rondeño, como lo vemos en las estampas de los viejos tiempos, y en San Isidro lo intentó con toros que, en aquel momento final, aún mantenían adecuada la arrancada.

Destaco ahora una importante característica en mi condición de espectador de Esplá. Solemos ser los aficionados demasiado suficientes, y todo lo creemos saber ante la contemplación de las evidentes desdichas que suceden en el ruedo. Estos numerosos y malos toreros nos hacen sabios (avergüenza tener que señalar cuán falsa es la apreciación), pero no más inteligentes. Esplá hace del aficionado, al menos del que yo soy, un ser menos sabio, pero más inteligente, y la razón es simple: el aficionado

Pedro Serna

se descubre aprendiendo, se emociona al vencer una todavía escondida ignorancia, atisba unos porqués, y no puede menos que agradecerle al diestro que, además de otorgarle estética emoción, le regale aún con la hermosa capacidad de aprender. Y que esto ocurra en un arte que es, además, una diversión, es impagable. Al señalar la necesidad de un torero así, se está afirmando que su condición es inusual, que su personalidad es de las que van a quedar en el recuerdo.

Las dos tardes de Ojeda resultaron, por el percance sufrido en Aranjuez, una sola. Y aún en ésta, sólo *estuvo* en un toro. ¿Es ello suficiente para enjuiciarle, no habiéndole visto nunca antes, aun sabiendo que le cortó dos orejas y que se trataba de la plaza de Madrid? En la primera tarde que vi a Antonio Ordóñez ya supe que aquel era *el* torero; esto se dice de quien ejercita un arte y, cuando nos lo entrega, sentimos tan original e intensa la emoción que vivimos que le hace merecedor, para nosotros, de ser el propio inventor de aquel arte; del toreo, en este caso. También supe todo lo que era Pepe Luis la primera vez que estuve ante él en una plaza, aunque ello tuvo que suceder en un toro que no era ninguno de los suyos, ya en el último de la tarde. Sólo recuerdo de aquel día glorioso aquel quite; en el olvido están las dos faenas que no hizo el torero de San Bernardo, y para siempre olvidados incluso los nombres de los que toreaban con él. A Rafael Ortega, visto en otras ocasiones, lo descubrí, ya al final de su carrera, en un toro que mató en Madrid; y es uno de los recuerdos más vívidos que de la fiesta en mí perduran. Todavía no ha nacido Paula en mis ojos.

Así son los encuentros del toreo de azarosos, como los del mismo amor.

La manera de ir Ojeda hacia el toro me causó extrañeza; como si llevara puestos al andar, pausado y solemne, unos invisibles tacones que, con las medias rojas, hacían parecerle a mis ojos una figura artificiosa, diría que dieciochesca, sin que ello pudiera corresponderse con un cuerpo y unas hechuras recias, de fuerte campesino andaluz. Quizás son éstas imaginaciones gratuitas, como toda la visión de una faena «vista y no vista» en su rápido transcurrir. En su rapidísimo pasar, aunque fuera la lentitud, la inmovilidad, lo que allí parecía ser para tan pronto dejar de estar. Posiblemente son éstas observaciones, o juicios, que muevan muy legítimamente a la sonrisa por parte de quienes le han visto con suficiencia. Y todo esté para ellos muy claro, como lo estará para mí en cuanto le vea algo más. Pero el toreo es sólo lo que se ha tenido delante de la impericia, o de la pereza, del ojo atentísimo, y sólo en la repetición de sus fugacidades alcanza en los diminutos espejos una permanencia que burla la desaparición. Y con la permanencia, unos contornos, y ya con ellos, la posesiva reflexión.

Hubo un pase de iniciación de una serie, con la derecha, de una belleza larga, honda, en la que la emoción la transmitía el movimiento pausado y majestuoso del torso asentado sobre unas piernas de inamovible pesadumbre, y en la que el brazo trazaba un arco amplio, de luminosa lentitud. Y se superpuso en mí alguno de los mejores momentos de un torero que presumo muy distinto: Curro Romero. Fue la imagen que se me quedó grabada. Y sentí de inmediato que estaba ante un torero que poseía lo más raro: personalidad. Otras cosas no sabría aún enjuiciarlas, pues lo mismo que en él vi, en otros toreros lo he rechazado; pero no me atrevería a hacerlo todavía en el caso de Ojeda, pues tengo también por cierto que la técnica existe siempre en función de la personalidad, y es ésta la que la justifica. Estoqueó soberbiamente, sobrado de poderío. Paco Ojeda no dejó en mí la certeza que conlleva el deslumbramiento; sí me ha quedado, y esto no es poco, ilusionada la expectativa.

No bajaron, pues, tras la isidrada, estos tres toreros en el nivel de mis estimaciones, sino que lo acrecieron, y pienso que, en su diversidad, hacen muy estimable el vigor de la Fiesta. En el toreo el arte lo produce siempre el torero, no el toro; pero no hay nada más alejado del arte del toreo que el toreo de salón. Es su mezquina parodia. El mal torero torea siempre mejor ante el espejo, o ante sus amigos, que ante el toro; al torero bueno le sucede todo lo contrario. Y es que sin toro, sin esa emoción que transmite esa carne, no podrá nunca el torero revelársenos como artista, ser creador de belleza. Sólo en una Fiesta sin toros (o lo que es lo mismo, con apariencia de toros) puede llegarse a pensar que la faena ideal existe, como la que podría realizar en un escenario, idéntica en su delineada perfección, un bailarín tan excelente como pudiera serlo en nuestros días Nureyev. Deberá el buen torero, en todo lo posible, y hablo de los momentos artísticos, borrar de nuestra percepción inmediata las dificultades del animal, su aspereza o su peligro, pero siempre deberá haber en nosotros la conciencia, aunque callada y subterránea, presente, de que en aquel toro están todas o algunas de aquellas cosas, que hay en él la autonomía del orgulloso instinto. No percibimos ya el peligro, pero lo *sabemos*. El arte crea el placer, nos otorga la emoción de la belleza, la intensa felicidad del goce, pero nunca nos transmitirá esto el toreo sin la presencia de lo que oculta. Si el toro falta sólo se producirá el simulacro del arte, su parodia, y el espectador sensible (el espectador artista) lo rechazará, y no desde el entendimiento, sino desde la sensibilidad, porque no habrá sentido nada. El toreo es un arte que se está haciendo en cada momento desde dos territorios: el del conocimiento y el de la imprevisión. Sólo con el primero tendríamos algo cercano a la danza o el ballet, lo que exigiría de nuestros ojos una distinta mirada para poder emocionarnos, y no lo lograríamos, porque el toreo resultaría abrumadoramente pobre. De la imprevisión surge el toreo, y de ella sólo responde el toro. El torero logra la belleza del arte actuando sobre la dificultad, y venciéndola. Y es que se le opone otra autonomía tan libre como la suya, una fuerza de vida tan plena como la del hombre, aunque menos poderosa, ya que está llamada a ser vencida por el conocimiento (que no es propio del bruto) y transformada en arte (que no es propio sino de muy raros toreros).

El arte, poderoso, nos concede, en su emocionante plenitud, la intensificación de la vida, y tanto más sentiremos ésta cuanto necesitándola más se nos presente la emoción de su precariedad o de su pérdida. De ahí que el tema de la muerte, como el del amor, dos premonitorias anulaciones de la vida, una por aniquilamiento, otra por exceso, sea el gran tema del arte, aquel que más vida nos aumenta. Es la muerte ahí presencia mental, experiencia que va conformando la sombra y el peso más hondo de nuestra andadura, y que en este arte del toreo es además bulto físico, presencia, al que se le rinde el homenaje de la belleza, y en la que el vencimiento final en triunfo no es sino la afirmación más rotunda de la vida, después de haber ofrecido, desde el gozo, la ceremonia de la muerte. Frente al luto de la piel el oro del vestido, frente al movimiento ineluctable de la muerte la quietud reposada, retenida, de la vida, y en el reposo de dos sangres apresuradas y enfrentadas, el toque delicado de los dedos en la punta del pitón, el invisible filo de la vida y la muerte. Y en la muerte de la Muerte, la celebración del renovado triunfo precario de la vida y, por precario, exultante. La humana alegría de la celebración de la primavera.

Quiero pensar que en la Fiesta hay latente otro simbolismo, en apariencia contradictorio, que aún nos la acerca más, pues nos encarna, y que nos obliga a la máxima exigencia de respeto al toro. El toreo es una representación dramática, dolorosa y gozosa a un tiempo para el torero, en la que se sacrifica a una víctima inocente, que se rebela desde su libertad, símbolo a su vez de la inocencia y de la rebeldía del hombre en su destino final e inmerecido. Quizás asistiendo a las corridas no hacemos sino asistir a la representación de nuestra propia expiación. De ahí el profundo respeto, la primordial importancia que adquiere la víctima, ahora no ya desde el punto de vista de su necesidad para que se produzca la emoción del arte, sino desde su trascendente y honda simbología. Nunca la víctima, y aún más si en ella nos encarnamos, debe ser despojada de su dignidad. Exijámosla siempre fuerte, orgullosa y noble ante la muerte, como a nosotros mismos. Es cierto que sin torero no hay posibilidad alguna de arte, mas también lo es que sin toro no podrá existir nunca el toreo, esa fascinante representación en la que celebramos el deseado triunfo de la vida, pero en la que asistimos al sucesivo cumplimiento de unos destinos en la única oscuridad de la muerte. El viejo deseo del hombre de igualarse a los dioses, venciendo a la muerte, y la menesterosa realidad de una naturaleza hecha de carne o, lo que es lo mismo, mortal.

[Publicado en *Quites*, n.º 2 (1983).]

Joan Cardells

El entendido en el tendido
Andrés Trapiello

Le ha pasado a uno con los toros como a Alberto Giacometti con el Louvre. Cuando visitaba este museo, según testimonio suyo, gustaba de mirar a los visitantes más que las obras de arte. A mí en el Louvre no me ha sucedido nunca eso, aunque sí en los museos en los que suele haber obras de Giacometti. En cambio en las plazas de toros, sí. Uno, cuando ha ido a los toros, ha solido sacar más provecho del ambiente, de los olores, de los colores, de las moscas, de los vencejos y golondrinas que suelen bajar al ruedo en la lidia de los últimos toros y, sobre todo, de las actitudes y de las conversaciones de los espectadores, más de todo eso, digo, que del ganado o de los toreros, casi siempre decepcionantes por una u otra razón. En cambio todo lo demás raramente defrauda, las mujeres (jóvenes, maduras, viejas), los hombres (jóvenes, maduros, viejos), el silencio de algunos, las voces de otros, la toilette de tantos, el desaliño de otros, esa mezcla de clases sociales (mayor aún que en las iglesias, ya que suele haber iglesias a las que van los ricos e iglesias a las que van los pobres), el humazo de los habanos, el olor saturado de los perfumes que efunden esas permanentes aparatosas que gustan lle-

var las señoras fantasiosas a la plaza. Para mí eso tiene más sugestión casi siempre que las suertes y lances del toreo. Me gusta también ver a los toreros, la seriedad con la que acometen su álgebra (con la música el toreo es la más abstracta de las artes) y la seriedad con la que contribuyen los toros. Me gusta también todo eso porque el ruedo es el único sitio de España donde la gente no hace chistes. Los chistes suelen hacerlos en los tendidos, a veces con finísimo salero, pero en el ruedo, no. El escrito que se publica aquí se escribió hace cerca de treinta años y no he vuelto a leerlo. ¿Cómo será? ¿Guardará algo de las impresiones que lo suscitaron? ¿Se habrá evaporado el perfume costumbrista que lo envolvía? El costumbrismo está muy desprestigiado, pero lo mejor de la literatura española ha salido de él. Basta. Dejémoslo aquí. Nada tan cargante como la didáctica taurina. Nada más aburrido que la didáctica literaria y las Escuelas de Letras. La literatura se aprende como se aprende de toros: yendo a la plaza muchas veces, quiero decir, leyendo, a solas. Las raras y extraordinarias cosas que a veces, muy excepcionalmente, suceden en una plaza de toros, suceden a solas, como en esa memorable escena que describió Chaves Nogales de un Belmonte toreando en el campo a la luz de la luna.*

---

* Estas líneas se escribieron en 2010, con ocasión de la publicación del texto «El entendido en el tendido», escrito en 1983, al que preceden.

Una de las pocas ventajas que tiene un español en la vida, por el hecho de serlo, lo cual no es gran cosa, es poder opinar de toros y de toreros. Si cruza la frontera, hacia el extranjero, parece incluso que se le exige. Y en esa imposición natural de aquí y de afuera, creo yo, tiene origen un tipo, un carácter que me es antipático profundamente: el entendido.

De un sujeto que lleva abonado muchos años a la Feria de San Isidro de Madrid deduje que el entendido, tanto como el propio torero, necesita del público, del auditorio. Desde que lo conozco, las tardes de mayo son para mí más fascinantes y me pregunto siempre con qué nueva audacia del pensamiento me sorprenderá. Ese hombre, con caracolillos rubios en el cogote, puesto de pie, con una mano en la barandilla de hierro en delantera de gradas y la otra extendida al aire, acompañando el grito bárbaro, se me hace un demóstenes. En ese preciso instante de su rugir, hay que verlo. Cuando vuelve, al fin, a su asiento, apenas duda de la justicia de una causa, de un saber de barbería que él tiene tan complejo como las analogías kantianas. ¿Qué ha dicho? No puedo apartar de él los ojos. Mi encantamiento arranca, justamente, de esa voz áspera, afónica, primitiva que dirige a uno de los peones, ligeramente desplazado, en un tedioso tercio de varas: «¡Carrascal, a tu sitio!». Y esa voz ha tronado por encima de unas cuantas cabezas inocentes. Alguien aplaude y unos cuantos, de su alrededor, le secundan. El entendido gallea, espera que le baje el sofoco del gaznate y mira, a uno y otro lado, en busca de aprobación y, a modo de su modesta vuelta al ruedo, va recogiendo, aquí y allá, muestras de simpatía y apoyo. Su desvelo por la pureza de la fiesta parece recompensado. «Muy bien, Heredia», oigo que le dice alguien. Recuerdo en ese instante haberle visto antes en una librería de viejo corriendo libros antiguos, incunables, mercando papeles de algún valor. Se supone que es, por tanto, un entendido intelectual, un espíritu sensible al lado oscuro de otros siglos, amante de literaturas silenciosas, locales, de erudición sombría. Un hombre, pues, familiarizado con el olvido y lo lejano, es decir, alguien capacitado, más que otros, para la comprensión, para la tolerancia. La faena ha terminado ya. Una oreja del animal va dando discreta vuelta al albero. Al poco rato vuelve a la plaza, antes de que aparezca el toro siguiente, un silencio relativo de murmullos, de comentarios. Aprovecha entonces el entendido ese momento para espetar esta lindeza tuteada al palco principal: «¡Presidente, eres un ignorante!». Le estallan las cuerdas vocales. El energúmeno se aclara la garganta vinácea, gitanea, abomba el pecho y se sienta. Observo que algunos que, hace nada, aplaudían la concesión de ese trofeo, tornan a aplaudir ahora esa penetrante indicación contraria. Les ha debido parecer ocurrente, porque ríen satisfechos. Se miran unos a otros y se saben entendidos. Tal vez la satisfacción sea esa de saberse un escogido.

No veo cómo algunos son entusiastas de la literatura taurina, de gacetilla o de más vuelo. Confieso no conocer demasiada, pero la que me interesa es por razones literarias, nunca taurinas. Si no, me aburre. No poseo esa sensibilidad acusada del especialista, que he notado en algunos, para leer las crónicas de festejos de hace sesenta años o ese centón de biografías, más bien mediocres, que ni siquiera conservan el sabor de época. Tampoco la lírica taurina, aunque sea de autores renombrados, despierta en mí, por lo general, ningún fervor. Casi siempre me ha gustado más una coplilla anónima, una canción popular, que esos sonetos, octavas y piezas de ocasión, generalmente preciosistas, afectadas, de una sensibilidad falseada. Es una literatura que me ha parecido, a menudo, llena de lugares comunes, reiterativa, opaca, un tanto histérica, sin ninguna enseñanza ni gusto para la vida, igual, por otra parte, que mucha de la literatura de tema mitológico clásico o de honor al misterio de la Inmaculada Concepción, por poner dos ejemplos de literatura de género. A pesar de lo cual hoy florece de manera notable. Supongo que un literato, filósofo, poeta, artista o ministro de hoy no lo es del todo si no deja su pequeño granito de arena taurino y esa es la razón de que no pase día en que los periódicos recojan opiniones, artículos y fintas de todos ellos. Si el entendido de la plaza necesita auditorio para sus opiniones, el entendido que usa de la literatura precisa, más que nadie, convencer. Ve más que nadie, recuerda, hila, derrocha ingenio, castizea, es comprensivo, perdona, si llega el caso, deslices o pequeños errores, anatemiza y condena. Es un entendido que puede llegar a despreciar al resto de los entendidos, e incluso arremeter públicamente contra ellos. En fin, un sofista, un ergotista. Una pesadez. Yo he visto a algunos de estos intelectuales que ven a los entendidos vociferantes de la plaza esclavos de la *doxa*, de la opinión. Ellos seguramente están convencidos de llevar largo tiempo en el camino del conocimiento.

Imagino que una corrida de toros sin público es algo inimaginable, como un libro sin lector. Me temo que es inevitable. Algunos encuentran que parte de lo pintoresco y lo tradicional es tener que tragarse dos horas seguidas el humazo de un puro, escuchar la chabacanería de un patibulario próximo y ver cómo unas cuantas fieras engullen con los dedos una solemne tortilla de patatas, comentarios específicamente taurinos aparte. A mí esto me deprime, porque veo más tragedia en los tendidos que en la arena. El que escribe, alguna vez ha soñado con no conocer a ninguno de sus lectores, encerrados en la penumbra de un número, desdibujados, imprecisos, silenciosos. Con los toros a mí me ha ocurrido, creo, algo muy parecido. Hubiera deseado que los momentos de tedio, de aburrimiento, de grisalla durante la lidia, hubieran transcurrido silenciosamente en la grisalla, en lo anodino, en lo insignificante. Y lo verdaderamente emocionante, cuando sobreviene, también en el más profundo y respetuoso de los silencios. Rara vez ocurre así. Se grita, por desacuerdo, y por emoción, y el desacuerdo y la emoción vienen dictados por los entendidos. Por eso no sería mala cosa, si fuera posible, suprimir los espectadores, como del libro, los lectores. La mitad de la belleza de la fiesta estaría asegurada. En fin, una quimera.

Varias veces he oído relatar, en personas que lo han leído, el episodio que Chaves Nogales dejó en su libro sobre Belmonte. Belmonte, en la otra orilla del Guadalquivir, después de haber atravesado el río a nado, lidiando unas reses bravas desnudo, en el amanecer de Sevilla. Comprendo lo afectado de la escena, pero no deja de producirme impresión ese toreo para la soledad, el silencio y el claror incierto de los arrabales sevillanos, a esa hora sólo pisada, en la otra parte del río, por unas cuantas obreras camino del trabajo. Tal vez el sentimiento de ese momento, la emoción verdadera de ese corazón humano se produjo en esa soledad, sin nadie. Así lo quiero creer. Así me parece cuando alguna rara vez, como en la Maestranza, se hace un profundo silencio y nadie, ni la propia plaza, existe, salvo el toro y el torero. Pero la fragilidad del corazón es mucha y, al poco, todo se desvanece, vuelven los gritos y el tendido, como prueba de que la vida continúa, vuelve a llenarse de entendidos.

[Publicado en *Quites*, n.º 2 (1983).]

Ricardo Cadenas

Recortables taurinos
Luis Alberto de Cuenca

Una de las personas que más han significado en mi vida ha sido, sin lugar a dudas, Amparo Robles. Nació en Sevilla en 1902. Era hija de un maestro de escuela. Fue la primera novia de Enrique Jardiel Poncela en Madrid, antes de 1920. Aquella relación la afectaría tanto que decidió quedarse soltera. En 1953, cuando Enrique ya había muerto y yo tenía dos años, empezó a trabajar en casa, cuidándonos a mi hermana y a mí. El concepto de trabajo se adapta poco y mal, sin embargo, a lo que Amparo hacía con nosotros, que era, fundamentalmente y ante todo, jugar, jugar hasta el agotamiento, jugar siempre. Le debo a Amparo muchos años de juegos. Le debo un manuscrito de Jardiel que evoca, en verso y con muchísima gracia, el día de la puesta de largo de su novia. Le debo, ahora que ha muerto –falleció el 13 de septiembre de 1986–, un emocionado recuerdo que durará mientras yo viva. Y le debo, por último, la posibilidad de escribir estas líneas sobre recortables taurinos.

Fue Amparo quien me regaló –tendría yo cinco o seis años– unas láminas recortables con imágenes del mundo de los toros. Fue también ella quien recortó cada figura con infinita paciencia y pulcritud. Había imágenes individuales de alguacilillos, monosabios, banderilleros, picadores, toreros, rejoneadores, toros..., y escenas colectivas o grupos, como el arrastre del morlaco por las mulillas, el picador picando, el paseíllo, el matador entrando a matar, etc. Algunas de ellas las recuerdo con absoluta nitidez. Había una que, por su patetismo, se me quedó grabada en la memoria: un toro moribundo, a punto de doblar las patas, con el estoque en todo lo alto y las banderillas clavadas, la lengua fuera y el agujero de la pica bien visible, manando todavía sangre. Me impresionaba vivamente aquella sangre, tanto más cuanto que había otras figuras mucho más confortables que representaban al toro nada más salir del chiquero, limpio de sangre y de castigo; aquel cambio brutal y necesario en el lomo del bicho me conmovía tanto que acaso hubiera contribuido a echarme en brazos de un psicoanalista si, de mayor, la precariedad de mi bolsillo no me hubiese salvado de ese tipo de redentores.

Los toreros –y siempre me refiero a las imágenes de los recortables– también me impresionaban, pero de otra manera. Con esos maravillosos vestidos me parecían héroes de cuento. Tenían algo de arquetipos. Desempeñaban el mismo papel que el Guerrero del Antifaz, Hopalong Cassidy o Mickey Mouse, pero no sólo encarnaban el valor, la audacia, la bondad o la inteligencia, sino también la belleza. En medio de esa niebla mágica que envuelve todas las infancias, los toreros se me antojaban, también, femeninos: eran al mismo tiempo el héroe fuerte y su frágil novia; reunían en mí la admiración y una especie de deseo.

Afortunadamente para mi integridad moral y psíquica, aquellos recortables se ajaron pronto. Pero, mientras duraron, produjeron en mí la costumbre de decir a las visitas que quería ser torero cuando fuese mayor (o sea, que quería ser andrógino, probablemente para no tener que aguantar a las mujeres). A mi tío Alberto le hacía tanta gracia mi disparatada elección de futuro que me consiguió una fotografía dedicada de Antonio Bienvenida dando un pase de pecho, con la que pronto hizo *pendant* otra de Juanito Posada que me regaló Amparo, que conocía al entonces joven torero no sé de qué. Pero también esas fotos se ajaron, y hasta mi ilustre tío Alberto, uno de los mejores amigos que he tenido, se nos fue el 20 de febrero de 1985 al país de nunca jamás.

Estos breves recuerdos de infancia constituyen toda mi relación con el mundo de las corridas de toros. No he pisado una plaza. Prefiero el atletismo, el fútbol, el baloncesto. Pero no olvidaré que, por culpa de unos recortables, hubo un día en que quise ser torero.

[Madrid, 1 de octubre de 1986. Publicado en *Quites*, n.º 5 (1986).]

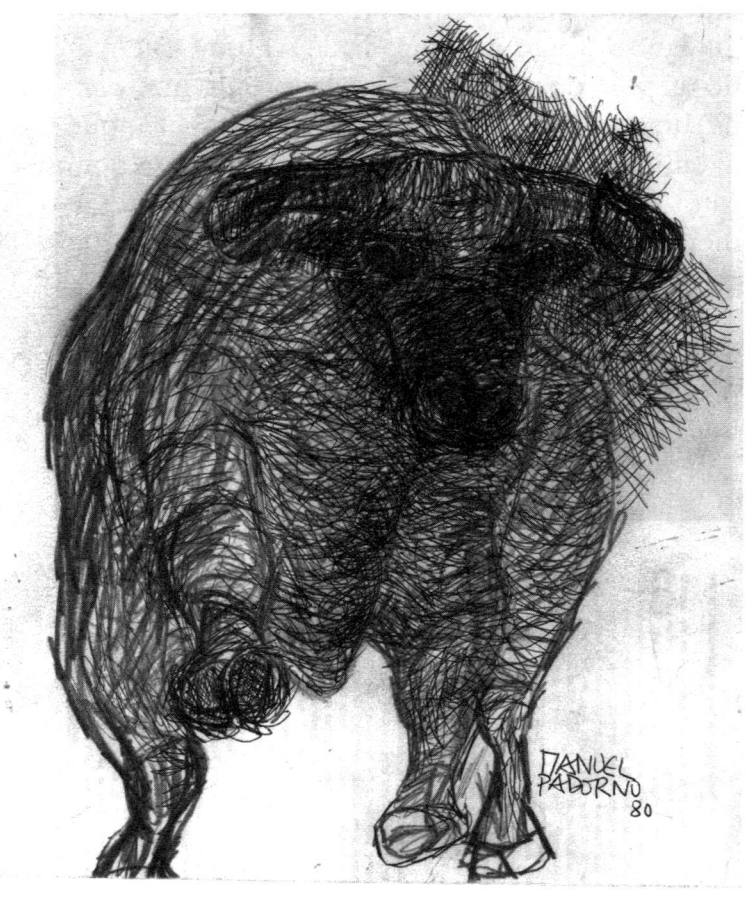

Manuel Padorno

¿Quién mira al toro?
Joaquín Vidal

El toro es el animal más bello de la creación. El toro enseñorea su estampa en los espacios abiertos de la marisma y se deja querer por un gorrión que le picotea la piel. El toro campero dulcifica la agresividad de su fosca cara y observa de lado con ojos apacibles el paso del caballo alazán. ¿Quién mira al toro?

El toro maravilla con el colorido de su pelaje. Rojos y negros pintan la albura de su piel y hacen la síntesis del jijón, el jaro, el aleonado, el castaño, el retinto, el salinero, el sardo, el arrosalado, el jabonero, el barroso, el perlino, el albahío, el berrendo, el cárdeno, el cárdeno franciscano, el salpicao, el entrepelao, el estornino. Otras veces, las más de las veces, sólo el negro pigmenta la capa y también deslumbra, desde el azabache al zaíno. ¿Quién mira al toro?

El toro es fuerza y es rito. El toro brama pujanza desde lo alto de la colina y varea el músculo para despejar su celo. El toro no cuenta día y noche en sus soledades, pero tiene predestinada la hora de su muerte una tarde de sol sobre el albero. ¿Quién mira al toro?

El toro es misterio y ansias agónicas en la negrura del

chiquero. Cuando se abre el toril, la luz dibuja las astas, centellean al sol sus puntas diamantinas. Tras el rizado del testuz brillan dos ojos enfebrecidos. De la noche y del caos surge el maligno. ¿Quién mira al toro?

El toro en la arena, un griterío lo saluda mientras abajo trepidan corazones. El toro es otra vez estampa, pero no le picotea el gorrión, no observa de lado con ojos apacibles, sino de frente y fiero. Un parpadeo sin ritmo ventea espesas legañas. El asta de punta diamantina da el clarinazo de su poderío y detrás todo su corpachón vibra alerta para matar. *¿Quién mira al toro?*

[Texto publicado en el catálogo de la exposición de pinturas del poeta y pintor Manuel Padorno titulada *Nómada urbano: toro*, que tuvo lugar en el Real Jardín Botánico de Madrid entre el 4 de junio y el 31 de julio de 1985.]

Luis Gordillo

Antonio Domènech

Toros
Un recuerdo de infancia
Eloy Sánchez Rosillo

Es curioso que, no siendo yo sino un modesto aficionado a los toros, uno de mis más antiguos y nítidos recuerdos tenga tanto que ver con ellos.

Cierro los ojos y penetro en las galerías de la memoria. Poco a poco me desentiendo del presente y voy adentrándome en el pasado. En ese viaje hacia atrás es posible encontrar de vez en cuando ciertos remansos en los que el sosiego nos ampara. Aparto a un lado y a otro, en la espesura de los años, tantos y tantos recuerdos de lo que fue mi vida y ahora sólo es un algo que no se diferencia de los sueños. Cuando llego casi al principio de mí mismo, a lo más remoto de la infancia, y me acerco a una de las escasas remembranzas que allí laten y que lindan ya con la desmemoria del origen, me veo sentado junto a mi padre en los tendidos de la plaza de toros de Murcia, en una tarde muy calurosa. Con seguridad sería una tarde de septiembre, pues es en ese mes cuando se celebran las corridas de la feria taurina de mi ciudad. Un sol terrible, digno de alguno de los libros más duros del Antiguo Testamento, divide la plaza tajantemente en dos mitades: una de implacable luz, otra de compasiva aunque bochornosa sombra. Debía de tener yo cuatro o cinco años entonces (era en 1952 o 1953) y era la primera vez que pisaba una plaza de toros. He de decir, por cierto, que, además de ser la primera, habría de ser también la última en mucho tiempo, pues hasta bien avanzada mi juventud no volvería a asistir a ninguna corrida. Ese es sin duda el motivo de que la única que vi tan temprano haya permanecido para siempre muy viva dentro de mí.

Siento aún en el pecho la intensidad de aquella tarde lejanísima y mi expectación y mi asombro ante lo que en la plaza iba sucediendo. No había en mi familia aficiones taurinas (el acudir a una corrida en esta ocasión se debió muy posiblemente a que a mi padre le habrían regalado las entradas). Tal vez ni siquiera me había hablado nadie aún de que las corridas de toros existieran, y como consecuencia apenas podía yo dar crédito a lo que mis ojos veían. Tanta gente allí, en medio de un calor sofocante; el griterío del público, la música. Y, en el albero, unos hombres vestidos con rutilantes atuendos, y uno de ellos, destacado de los otros, totalmente solo ante una fiera amenazante y descomunal. Qué cosas tan increíbles. Yo estaba profundamente impresionado, sentado junto a mi padre en el tendido de sombra, absorto, todo ojos. Me sobrecogía aquel hombre plantado gallardamente ante el toro y me admiraba sobremanera el que con los leves engaños del capote o de la muleta fuera capaz de dominarlo a su antojo. Qué personaje tan excepcional, qué acontecimiento tan indescriptible y único era una corrida.

Y lo más tremendo de todo fue que, avanzada ya la tarde, tras la muerte y el arrastre de uno de los toros, sonó de nuevo el clarín y por la puerta de chiqueros irrumpió en la arena un animal mayor aún que los otros, muy mal encarado, y que se distinguía de los anteriores por su pelaje colorado y su enorme encornadura. Desde el comienzo, su lidia estaba resultando difícil. El torero, durante la faena, intentaba fijarlo y someterlo, pero el toro iba y venía por donde quería, se revolvía inesperadamente y se le colaba al diestro una y otra vez con mucho peligro. De súbito, dio un extraño derrote y el torero, empitonado en un muslo, saltó como un pelele por los aires. Se lo llevaron en volandas a la enfermería, herido de no sé qué gravedad, tirando sangre, y uno de sus dos compañeros de cartel hubo de seguir bregando con aquel toro imposible hasta darle muerte.

Cuando ya comenzaba a atardecer, la corrida terminó. Mi padre y yo, apretujados entre la gente, salimos de la plaza. Regresamos a casa paseando y cogidos de la mano. Yo no paraba de hacerle preguntas ni de comentarle con mucha vehemencia las proezas estremecedoras que ambos acabábamos de presenciar.

Ya he dicho que no volví a ir a los toros hasta muchos años después, cuando bien entrado en la juventud pude disponer de algún dinero para mis aficiones y caprichos. Como una buena cantidad de españoles de mi tiempo, eso sí, he visto infinidad de corridas en la televisión, sobre todo cuando a partir de los años sesenta del pasado siglo el toreo se convirtió en un espectáculo mediático de masas gracias a la figura tan estrambótica como simpática de El Cordobés. No soy, desde luego, un aficionado a los toros de esos que no piensan en ninguna otra cosa más que en su afición, pero siento profundo respeto y admiración enorme por el arte de torear verdadero, que, como todo lo hecho con autenticidad, escasea (lo que se nos ofrece en su lugar se encuentra en manos de falsarios de toda laya que habitualmente nos dan gato por liebre).

Quiero afirmar sin rodeos que lo que me interesa a mí del toreo es algo que no suele verse en las plazas, porque sólo de manera muy excepcional se da en ellas. Hay aficionados a los que les gustan tanto las corridas que disfrutan con casi todo lo que pueda suceder en cualquiera de las que se celebran. Ya he dicho que no soy yo uno de esos entusiastas. Lo que por lo general podemos ver en una corrida es la lidia de unos toros. Pero eso que llamamos lidia, hablando en términos absolutos, y aun en el mejor de los casos, no es nunca verdadero toreo: es sólo un espectáculo (espectáculo que en más ocasiones de las que debiera deriva en tristísima barbarie). En realidad, ser lidiador de toros –y más desde que existen las escuelas de tauromaquia– es una actividad que está al alcance de cualquiera, de todo aquel que se adiestre a fondo y sea arrojado y valiente. Que tal actividad se haga con más o menos habilidad y encanto dependerá del talento y de las facultades de cada *profesional*. Pero ser torero es muy otra cosa. Podría decirse que todo torero ha de ser también un lidiador, pero que muy pocos lidiadores (incluso de los mejores y más afamados) son toreros auténticos.

El torear con verdad no sólo es ya que tenga que ser arte, sino que como toda obra de arte que merezca tan alto nombre ha de ir incluso más allá del arte y transformarse en un milagro, es decir, en algo prodigioso, inexplicable, irrepetible. Y todo esto sin dejar de ser natural, un milagro natural, intenso y hermosísimo como la vida en sus momentos mejores. Esa manera de torear, por supuesto, es absolutamente ajena al mero espectáculo;

es más, se opone al concepto de espectáculo y hasta por completo lo niega.

El toreo de ley es una épica que de manera indefectible entraña también una lírica: se trata, pues, de una pura acción que paradójicamente lleva dentro de sí un hondo sentimiento y la quietud de ese tembloroso sentir. Por tanto, la acción y una forma inefable de emocionada contemplación se dan en el toreo unidas en un hecho que sucede vertiginosamente en el tiempo y que, con la mayor generosidad, con el desprendimiento mayor, a la vez que surge y empieza a existir va desapareciendo y dejando de ser.

Todo artista (el poeta, el pintor, el músico, también el torero) procura que su obra llegue al mundo de la mejor manera, intenta proporcionarle un adecuado cauce a través del cual pueda revelársenos en su hermosura plena. Es éste un proceso delicadísimo y muy complejo en el que el artista (cualquier artista, no sólo el torero, en contra de lo que se cree) se juega la vida, pues el arte no perdona y sucede siempre en un lugar extremo y lleno de riesgos. Es evidente que el torero pone en juego su vida de manera literal en su afanoso deseo de cuajar la faena soñada, pero no es menos cierto que todo creador auténtico también se juega en la creación de sus obras su ser o no ser de artista, es decir su propio y más íntimo existir (y no sólo simbólicamente).

Se dice con frecuencia que el toreo es en esencia la lucha de la inteligencia contra la fuerza bruta. A mi entender, nada más lejos de la realidad. El auténtico toreo no tiene nada que ver con una lucha, y menos aún con un fútil contender de la inteligencia sin más contra una ciega fuerza animal monda y lironda. Una pugna de esas características se daba en el combate entre el gladiador y la fiera de los circos romanos, y se produce también en lo que antes he llamado la simple lidia de un toro. Pero en el toreo más hondo y verdadero lo que sucede es una transfiguración, un hecho que pasa de un estado intrascendente de la realidad a otro que se halla en la cúspide de la misma y por completo lleno de inusitada luz. Ese estado genuino, intenso y puro de lo real es el espacio del milagro, del milagro ineludible sin el que como ya he dicho no puede haber ninguna forma de arte. El auténtico toreo, pues, es un asunto del espíritu, como Juan Belmonte decía. No se torea con los brazos, con las piernas o con la mente: se torea con todo el ser, afinado en ese trance hasta su ápice por el espíritu y por él gobernado. Y no se produce allí ninguna reyerta o pendencia; hay encuentro y colaboración de un hombre habitado por el impulso y la gracia del espíritu con un toro lleno de instinto y de conocimiento (de conocimiento no de hombre, claro está, sino de toro, de toro bravo y noble, que es precisamente lo que en esos momentos se requiere). Y tal prodigioso encuentro, pleno de emoción, de recogimiento y de intimidad, no se produce en soledad, como es habitual en el trabajo del artista; por el contrario, ocurre increíblemente ante los ojos de miles de personas. El torero y el toro, transfigurados, crean a la vista de todos, en el corazón de la luz, una fugacísima eternidad, una certeza palpitante que en seguida se desvanece, dejando todavía unos momentos en el aire de la tarde una rara vibración, una delicadísima fragancia.

No tengo la menor duda de que en mi gusto por la fiesta de los toros están siempre las imágenes indelebles de aquella corrida mítica a la que tuve ocasión de asistir en la infancia en compañía de mi padre. Sin proponérmelo, siempre que he ido a una plaza la he tenido presente como piedra de toque. Y eso a pesar de que, en realidad, no sé bien si la corrida originaria a la que he venido refiriéndome fue buena o mala, si hubo o no en su transcurso algún lance memorable (no estaba yo cuando tuvo lugar en la edad de las valoraciones, sino en la del asombro). Lo que sí tengo claro es que para los ojos, la imaginación y el sentimiento del niño que la presenció y del hombre que la recuerda es la más conmovedora y la mejor de todas las que he visto y de todas las posibles. Si en una corrida del presente sucede algo que logra emocionarme, invariablemente me digo: esta maravilla es como la maravilla de aquella tarde, esta verdad es como aquella verdad.

[Leído en el ciclo «Seis miradas sobre la Fiesta», durante las XXII Jornadas de Tauromaquia Ciudad de Algeciras, junio de 2007.]

Manuel Antonio Benítez Reyes

La terna de la memoria
Antonio Lucas

La afición taurina, ese destemplado cruce de pasiones, manías, certezas y apegos, suele estar del lado de lo inexplicable. No resulta fácil trazar un itinerario de esta afición, de este delirio entusiasta que es amar la tauromaquia, amar los toros. Pienso en una frase de Baudelaire: diría que una afición como la nuestra es «la contrapartida animal del entusiasmo». Mis primeros recuerdos en la plaza, siempre del otro lado del olivo, están cifrados en un puñado de tardes jugando a las chapas (de niño) por los tramos del tendido bajo de Las Ventas. No era una distracción, sino un pasatiempo. Jamás me distraía de una buena faena. Pero si he de decir los motivos exactos (¿o quise decir inexactos?) de mi devoción me basta con unos cuantos datos y tres nombres precisos: Rafael de Paula, Joselito y José Tomás. No necesito más que este raro cartel para justificarme en lo que «no tiene norma ni en la norma cabe». Son estos tres porque a los tres los he visto. Podría decir que la mitología torera me arrastra por otros nombres como Joselito el Gallo, Juan Belmonte, Manolete, Antonio Ordóñez, Antonio Bienvenida, El

Viti, Paco Camino, Julio Aparicio... Pero de ellos sólo tengo el vago empuje de la literatura y unos cuantos vídeos que tienen mucho de cierto, pero también algo de ficción. Así que vuelvo a los tres nombres precisos: Rafael de Paula, Joselito y José Tomás.

Toda emoción suficientemente encendida es indistinguible de la magia. Esta idea, que en verdad nace del reciclaje de una frase del novelista de ciencia ficción Philip K. Dick, aclara todo eso que yo no sé decir sobre lo que sentí una tarde de 1986 en la Maestranza. Me llevó mi padre. Tendría yo diez u once años. Todo es impreciso en esa edad, menos el calambre de unas verónicas y el remate de una media de frente. No fue más, no pudo serlo porque el banderillero clavó más de un palmo la banderilla en el hueco del puyazo y el toro se fue muriendo con la «media estocada» del palo. Pero quedó el vuelo de la muleta de Rafael de Paula diciendo, como decía el poeta Vicente Gerbasi: «Venimos de la noche y hacia la noche vamos».

Los toreros irregulares le dan sentido al toreo, le otorgan misterio, inexactitud a lo que ha de ser preciso. Es lo que algunos denominan la controversia matemática del arte. Y Paula lo tuvo potencialmente en aquella tarde luminosa y rota (rota por adversidad). Pero yo lo vi y de aquel templo no salí del todo ileso. Hay emociones que aprietan hasta el daño. Y no sé si a Rafael le han entendido esto: que la genialidad es un claroscuro y el genio no es un derecho otorgado por aclamación popular, sino por «prescripción de lo insólito», por esa carga de tragedia que existe en lo que estremece. Todo esto lo recuerdo ahora para intentar darle voz a ese niño asombrado en la Maestranza, tomando fe en la extraña religión, en la anomalía luminosa de una estética imborrable.

El segundo en la terna de mi escogido cartel fue, muchos años después, Joselito. Torero de Madrid, definición que no sé qué quiere decir exactamente. Pero fue Joselito –puro clásico que nació en el barrio de Ventas– un «boqueras» que a los doce años se hizo becerrista con la misma convicción con la que podría haberse tirado a las vías del Metro. Llegó a maestro por la vía esencial de la quietud, por el camino caprichoso de los llamados por el duende, de los abonados al silencio oscuro de los grandes matadores. No olvidaré jamás aquella tarde del 2 de mayo de 1996. Acababa de publicar yo mi primer libro de poemas y bajaba por la calle de Alcalá como haciendo el paseíllo por el olimpo proceloso del mundo de las letras. No olvidaré aquel día en que Joselito conquistó la utopía y trazó el toreo absoluto. Jamás he vuelto a ver un repertorio de quites semejante: verónicas, chicuelinas, gaoneras, faroles, navarras rematadas con larga cordobesa... Ni aquellas faenas cuajadas con la escuadra y el cartabón de la hondura, del delirio. Todo me sale hiperbólico, lo sé, lo siento... Pero son tan pocas las veces en que uno ve que se puede parar el reloj de Las Ventas, como dijo el admirado Joaquín Vidal... De Joselito aprendí otra de las formas de la elegancia sobre el albero; es el único torero que ha leído a Séneca y se le nota. Es más, hace unos años compartí un par de días con él y su cuadrilla. Y lo más fascinante de aquellas jornadas fue descubrir que Antonio, su mozo de espadas, era doctor en Filología Hispánica con una tesis doctoral sobre la poesía hispanoamericana de la primera mitad del siglo XX. Y Antonio, el filólogo, salía disparado a las librerías de viejo al acabar el *apartao* para buscarle libros a José. En Málaga, que es donde estuvimos, el maestro estaba leyendo entonces a Petronio, paradójicamente al que Tácito llamó «el árbitro de la elegancia». Joselito leía el *Satiricón* unas horas antes de hacer el paseíllo en La Malagueta. «Hay gente pa tó», que dijo El Gallo.

Y por último, José Tomás, empadronado en la extrañeza. José Tomás irrumpió por la última esquina del siglo pasado y apuñaló con una tijera cruel las rancias convenciones toreras. Trajo consigo la extrañeza y la excepción que la tauromaquia había perdido. Empezó a armar una liturgia de escalofríos con naturales largos como la noche. Es el rompeolas del emputecido mundo de los toros. Mueve pasiones de guerrillero con su gloria de sangre. Y ahora regresa a Las Ventas, donde impone su norma. Lo he visto cinco o seis veces en esta plaza. Y alguna de ellas con más empaque y más hondo que el pasado 5 de junio de 2008, cuando cortó cuatro orejas y abrió la Puerta Grande como no había sucedido en los últimos treinta años. Los deudores del esoterismo, que abundan en la arena especulativa de la tauromaquia, le diagnostican tendencias suicidas. Pero en verdad lo que tiene son quiebros pasionales y disquisiciones nada metafísicas, sino silencios. Aquí se teme mucho al hombre callado. Trae algo de sobrenatural que parece intacto, aunque está recosido por dentro de dudas, de silencios y preguntas. Se ha sobrepuesto al cebo de la afición ideológica, que lo tomó como banderín de su causa pasajera en Cataluña. José Tomás no es un torero de izquierdas ni de derechas, sino un purista unidimensional que se «queda fijo ante la muerte» con acusadora palidez. Dicen que donde él se coloca no es posible el temple. Uno cree que sí, yo lo he visto, porque torea con la pureza que hace tiempo dábamos por extinguida.

Ellos tres (Paula, Joselito y José Tomás) conforman mi caprichosa afición, incluso esa escasa parte de mi memoria que no es provisional.

[Texto leído en el ciclo «La Memoria del Aficionado Taurino», durante las XXIII Jornadas de Tauromaquia Ciudad de Algeciras, junio de 2008.]

Miquel Navarro

Alamares de sol y de silencio
Vicente Gallego

A mi abuelo Víctor

Para mí, hablar de toros es volver a la infancia, regresar a ese tiempo de la vida en que todo bulle a la temperatura del milagro. Hablar de toros es hablar de mi abuelo paterno y es hablar del gran sol niño que sigue ardiendo en algún remoto lugar del corazón. Por la mañana, el abuelo planchaba su camisa blanca, doblaba cuidadosamente el pañuelo que adornaría el bolsillo superior de su chaqueta y daba lustre a los zapatos de charol. Toda la casa olía a almidón, a colonia Varon Dandy, a víspera y a tiempo rezongando. Mi hermano y yo jugábamos a ser toreros con nuestra muleta de trapo rojo y unas banderillas, que la abuela nos hacía con un par de palos a los que ajustaba un dedal en la punta y luego engalanaba con lana de colores y el pegamento del amor.

Nunca llovió en mi infancia levantina. Mi infancia es un disparo de sol que dio en el centro y abrió la caja donde la vida guarda sus colores más templados. Nunca llueve en las tardes grandes, cuando el toro quiere y el torero se mete en la rítmica instantánea del pase que no acaba. Subirnos al tranvía era como haber puesto un pie en la nave cóncava de Ulises, con sus ciegos vaivenes de madera alabeada. Respirarnos consistía entonces casi en una homérica aventura, porque todo andaba por estrenar y escuchábamos el canto embriagador de las sirenas todas de este mundo. Llegábamos a la calle Játiva con el estómago lleno de golosinas y de gatos. Entrábamos en la plaza lo mismo que en el templo, y comenzaba entonces a marearnos la rueda de los olores repentinos: coñac y humo de habano, perfume de señora y de urinario; y ese otro rotundo de peligro, el que llegaba pleno de pujanza acre desde el fondo remoto y negro de chiqueros, donde las bestias resoplaban su furia de ojos fijos. El incienso del coso.

Yo no sé si una vida puede caber en un solo segundo, pero todo quedaba detenido cuando el clarín clavaba su destello en el centro colmado de la tarde. Quien no ha visto arrancarse a un toro bragado a las cinco en punto de sus cinco años, no sabe cómo late un corazón pequeño. Nada habíamos aprendido aún de la ciencia ortodoxa del toreo, nada acerca de las pintorescas nomenclaturas de pases, suertes y requiebros, pero no hace falta saber para sentir, y no se le pone nombre a la emoción de un niño que contempla una media verónica y tiembla de aventura, queriendo ser valiente y ser torero. Yo quise ser torero y quise ser también el toro. Yo no sé qué anhelaba cuando el sol, cuando todo fulgía, cuando la plaza se erizaba como un acerico de luces y de miedos. Un niño lo que quiere es ser el mundo, abrirse del todo a él y darse y recibirse por entero.

A quien no haya estado en una plaza en el momento cumbre, no sabremos explicarle cómo el griterío de la multitud se resuelve de pronto en un zumbido dentro de los tímpanos cuando toro y torero se hacen uno. Hay un

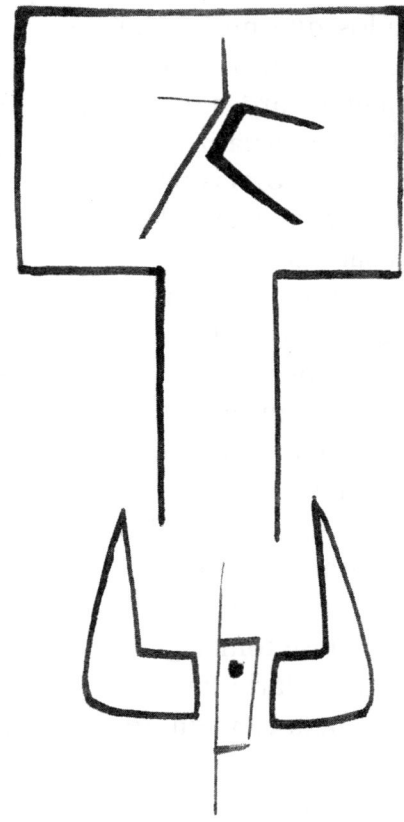

Miquel Navarro

instante carmesí que se mete en las sienes, un pálpito de muerte que es vida en la plomada, desespero y fiesta de estar vivo. La plaza de Valencia en mi memoria es una estampa inmóvil de sol y de silencio. La música ha volado, los aplausos se quebraron como un cristal de fría ausencia. En la memoria de aquellas tardes no destaca el dinamismo del gentío, el escorzo impetuoso de los alazanes acicalados que montaban los tres alguacilillos ni las funcionariales carreras de los subalternos. Cuando pienso en aquellas tardes de toros, tomado de la mano del abuelo, lo que visualizo es una imagen fija, saturada del color de lo vivo más profundo. Un niño aturdido, quizá por primera vez, ante la emoción del arte, y sin llegar siquiera a saberlo.

El toreo no se pinta, se acuña, se graba para siempre en la delgada placa de metal del corazón. Ningún torero se ha movido nunca de su sitio, todos permanecen religiosamente detenidos en el instante de su mejor perfil. Son los domadores del tiempo, de la prisa y del estruendo. Con una sola mano echan la blanca sal que preserva la frágil silueta del asombro. Se desentienden del ruido y del transcurso, se atan al instante del prodigio con el más fino hilván, sin dar un paso, silenciosos sobre su sitial de humo. Yo de niño quise tomar también así la tarde soleada con la izquierda y darle láudano de sombra y pátina de gloria, pasándomela toda entera junto a un trapo colorado.

Voy cayendo en el pozo de los años. No hay espada que humille el lomo oscuro de ese toro que embiste recelando nuestra carne y dándonos el susto, pero a veces ese pozo se inunda de alta luz remansada y veo a un niño quieto en una plaza, tomado de la mano de su abuelo.

¿Dónde fuiste con tu risa de trueno y tus zapatos limpios, mi viejo tan querido, dónde vamos? Te veo ahí, en la primera fila, con tu reloj de oro, con tu complacencia, con tus muelas doradas, con las gafas bifocales y la camisa blanca donde estalla la luz toda de julio. Tú que me llevabas a los toros y sabías de las artes del engaño, no pudiste engañar a la muerte cuando vino a hacer su última burla y te encontró en el medio. Yo quiero hoy recordarte, abuelo, como el gran torero que fuiste en la corrida grande de la vida: los pies juntos, sostenidos en tu centro de concordia, pasándote las duras astas por el pecho.

[Texto leído en el ciclo «Seis Miradas sobre la Fiesta», durante las XXII Jornadas de Tauromaquia Ciudad de Algeciras, junio de 2007.]

Ricardo Cadenas

Vuelve la temporada
Carlos Marzal

Hoy todavía es noviembre, y es la lluvia que bate la ciudad con una persistencia que invita a la memoria al extravío. Hoy todavía no ha empezado la temporada taurina. Es sólo su promesa, y un número de hábitos que volverán con toda seguridad, porque esos hábitos, forzosamente, nos aluden.

El estudio minucioso de los carteles importantes, y muchas veces el minucioso disgusto que esos carteles nos infunden. La urdimbre de unos planes para seguir a ese torero que tanto admiramos, por esas tres o cuatro plazas donde merece la pena verlo torear. El primer sol, presagio de otro más inclemente que también llegará, y que nos hará sentir la nostalgia de la vida de invierno, acabada ya la temporada. Las charlas de café, con café apresurado previo a la corrida, y la esperanza intacta de la tarde. Las charlas de café, con el café pausado que sigue a la corrida, y la tarde ya irrecuperable para bien o para mal. La penumbra de las escalerillas de acceso y toda la luz allá arriba como al final de un túnel. Los saltos por los tendidos, y las encendidas disculpas al pisar un abrigo o apoyarnos en la peluquería que alguna señora lleva encima. Esa repetida sorpresa siempre única que es ver salir a un toro por chiqueros, y que aunque no lo sepamos y no lo recordemos nos devuelve a otro tiempo en que no llevábamos nuestro nombre de hoy, e invocábamos la caza manchando las paredes de una cueva con siluetas de animales. Las mujeres en los palcos. Las mujeres en el tendido. Las mujeres en la andanada. Algunas plazas parecen estar abarrotadas de mujeres estupendas. Los amigos de las tardes de toros, porque una tarde de toros es una pasión compartida. El aislamiento de las tardes de toros, cada cual a solas con su milagro en la arena o con su insoportable tedio. Los pelmazos taurinos, que en la escala zoológica de los pelmazos ocupan un importante lugar, por su perseverancia, testarudez y memoria. La gloria de una media, aislada en una tarde para el olvido. La gloria de una tarde completa que quedará, como en sí misma al fin tras los recuerdos, grabada en la memoria. Las críticas del festejo anterior, y el estupor de su lectura, y el asentimiento. El mal humor de una tarde de viento que las divinidades envían a la plaza para castigarte sólo a ti por algo que habrás hecho, pero que aún no puedes confesar en estas líneas. El terno azabache y la apostura de un torero que yo sé, y que convierten al ochenta por ciento de la pintura actual en una broma de mal gusto, carente de emoción. La cerveza recalentada que vende el cocacola en los tendidos. Los clarines de la Maestranza, que fueron forjados por un ángel, símbolo de lo invisible. El albero de la Maestranza, cuyo color, quien lo ha visto, no lo olvida, y cuyo recuerdo acompaña en las noches tristes del alma. El sonido de las hachas al pasar junto al desolladero. El sabor ritual de un habano, que en el fondo está hecho para fumarse en soledad. El crepúsculo de todas las tardes sobre todas las plazas de todos los tiempos. El orgullo de saber que uno podrá contar que estuvo allí. Y tanto como se me olvida, y tanto como ignoro, y tanto como me está aguardando.

Sangre arriba ya ha vuelto la temporada.

[Publicado en *Quites*, n.º 7 (1989).]

Apéndices

Ramón Gaya

Los autores de los textos

MIQUEL BARCELÓ

(Felanitx, Mallorca, 1957) Estudió en la Escuela de Artes Decorativas de Mallorca y en la Escuela de Bellas Artes de Barcelona, y formó parte del Taller Lunàtic de Mallorca. Obtuvo el reconocimiento internacional en la Bienal de Sao Paulo de 1981 y la Documenta de Kassel de 1982. Su preocupación por la materia y la técnica pictóricas, unida a la experimentación constante, lo han convertido en un artista de renombre internacional. Ha sido ilustrador de libros, como *La Divina Comedia*, y ha sido distinguido con el Premio Nacional de Artes Plásticas 1986 y el Premio Príncipe de Asturias de las Artes 2003, entre otros galardones. Entre sus últimos trabajos se cuenta la decoración de la Cúpula de la sala XX del Palacio de Naciones Unidas (Ginebra).

Su ilustración (pág. 70; Toro, toreador, *1990, litografía, 65 × 89 cm) ha sido cedida especialmente para este volumen. (© Miquel Barceló, 2010.)*

FELIPE BENÍTEZ REYES

(Rota, Cádiz, 1960) Es autor de una obra versátil que abarca la novela, el relato, la poesía y el ensayo, y por la que ha merecido, entre otros, el Premio Nacional de la Crítica y el Premio Nacional de Literatura. Es autor de siete novelas, traducidas a varios idiomas, entre ellas *Chistera de duende* (1991), *El novio del mundo* (1998), *Tratándose de ustedes* (1992), *Humo* (1995, Premio Ateneo de Sevilla), *La propiedad del paraíso* (1995), *El pensamiento de los monstruos* (2002) y *Mercado de espejismos* (2007, Premio Nadal), además de tres libros de relatos, recopilados en el volumen *Oficios estelares*. Su obra poética se inició con *Paraíso manuscrito* (1982) y se halla recopilada en *Trama de niebla*.

JOSÉ BERGAMÍN

(Madrid, 1895-San Sebastián, 1983) Cercano a figuras como Miguel de Unamuno pero también a la Generación del 27, fue director entre 1933 y 1936 de la revista *Cruz y Raya*. Tras la guerra civil, se exilió en Francia y después en México –donde fundó la editorial Séneca–, Venezuela, Uruguay y de nuevo Francia, hasta que en 1970 pudo regresar a España. Cultivó el aforismo –en, por ejemplo, *El cohete y la estrella* (1923)–, el ensayo –con títulos como *El arte de birlibirloque* (1930), *Disparadero español* (1936) o *Lázaro, Don Juan y Segismundo* (1959)–, el teatro –*Tres escenas en ángulo recto* (1924), *Melusina y el espejo* (1969)– y, más tardíamente, la poesía, de la que publicó al menos siete libros, recogidos en *Poesías completas I* (Pre-textos, 2009). El volumen *Obra taurina* (CSIC, 2008) reúne todos sus textos sobre tauromaquia.

Su ilustración (pág. 27) apareció en la primera edición de El arte de birlibirloque, *Madrid, Plutarco, 1930. (© Herederos de José Bergamín.)*

ANTONIO BIENVENIDA

[Antonio Mejías Jiménez] (Caracas, Venezuela, 1922-Madrid, 1975) (Hijo del célebre torero Manuel Mejías Rapela, y hermano de Manolo, Pepote, Rafael, Ángel Luis y Juanito.) Desde 1939 alternó como novillero, con el nombre de Antoñito, con futuras figuras del toreo como Pepe Luis Vázquez. Ese mismo año, una gravísima cornada de un novillo en Barcelona le llevó al borde de la muerte. Tomó la alternativa de manos de su hermano Pepe en la plaza de Las Ventas en abril de 1942. No fue torero que se prodigara demasiado en los ruedos, pero sí uno de los predilectos de la afición. Al poco de retirarse de los toros una vaquilla le volteó y le produjo la muerte en un tentadero el 4 de octubre de 1975.

FRANCISCO BRINES

(Oliva, Valencia, 1932) Estudió Derecho y posteriormente cursó estudios de Filosofía y Letras en Madrid, y durante dos años fue lector de español en Oxford. Su primer libro de poemas, *Las brasas* (1960, Premio Adonais 1959), da paso a los poemas histórico-narrativos que conforman *Materia narrativa inexacta* (1965) y al reflexivo *Palabras a la oscuridad* (1966, Premio de la Crítica). *Aún no* (1971) abre caminos nuevos, que preconizan la visión desengañada y a la vez metafísica de *Insistencias en Luzbel* (1977). Con *El otoño de las rosas* (1986, Premio Nacional de Poesía) recobra Brines la diafanidad para culminar con *La última costa* (1995). Toda su poesía se halla reunida en *Ensayo de una despedida. Poesía completa (1960-1997)* (Tusquets Editores, 1997). Es autor, además, de los ensayos *Escritos sobre poesía española* (1995).

JOSÉ MANUEL CABALLERO BONALD

(Jerez de la Frontera, 1926) Estudió náutica en Cádiz y Filosofía y Letras en Sevilla y Madrid. Fue profesor en la Universidad Nacional de Colombia y en el Brynn Mawr College. Autor de novelas como *Ágata ojo de gato* (1974), *En la casa del padre* (1988) o *Campo de Agramante* (1992), cultiva la poesía desde que en 1952 publicó *Las adivinaciones*. Le siguieron, entre otros, los títulos *Pliegos de cordel* (1963), *Laberinto de Fortuna* (1984), *Diario de Argónida* (1997) y *Manual de infractores* (2005, Premio Nacional de Poesía). Es autor de dos volúmenes de memorias así como de adaptaciones de obras del teatro clásico español, y ha merecido galardones como el Premio Biblioteca Breve, Ateneo y Boscán, varios Premios de la Crítica y el Premio Andalucía de las Letras 1994.

LUIS ALBERTO DE CUENCA

(Madrid, 1950) Especialista en cultura clásica, es autor de ensayos como *El héroe y sus máscaras* (1991) y ha traducido, entre otras obras, los *Himnos y epigramas de Calímaco* (1980) y el *Cantar de*

Valtario (1989, Premio Nacional de Traducción). Ha sido director del CSIC y de la Biblioteca Nacional, así como Secretario de Estado de Cultura. Sus primeros libros de poemas, como *Los retratos* (1971) o *Scholia* (1978), de línea culturalista, dieron paso a un mayor coloquialismo en *La caja de plata* (1985, Premio de la Crítica) y, posteriormente, a títulos como *El otro sueño* (1993) o *El bosque y otros poemas* (1997). Su obra poética completa está reunida, a excepción del primer libro, en *Los mundos y los días. Poesía 1972-1998* (1999), volumen al que le siguió *Sin vida ni esperanza* (2002).

LUIS FRANCISCO ESPLÁ

(Alicante, 1958) (Hermano del también matador de toros Juan Antonio Esplá y padre de Alejandro Esplá.) Debutó en 1974 en Benidorm, y en mayo de 1976, en Zaragoza, le dio la alternativa Paco Camino, con el Niño de la Capea como testigo. Obtuvo la confirmación en mayo de 1977, con Curro Romero como padrino. En octubre de 2009 se retiró de los ruedos. Licenciado en Bellas Artes y pintor, ha realizado varios carteles para distintas ferias francesas (Nîmes, Béziers, Céret) así como para festejos celebrados en Alicante, y ha expuesto sus obras en numerosas exposiciones y galerías de arte.

VICENTE GALLEGO

(Valencia, 1963) Ha publicado los libros de poemas *Santuario* (1986), *La luz, de otra manera* (Premio Rey Juan Carlos 1987), *Los ojos del extraño* (Premio Loewe Joven 1990), *La plata de los días* (Premio Ciudad de Melilla 1996), *Santa deriva* (Premio Fundación Loewe y Nacional de la Crítica 2002), *Cantar de ciego* (2005) y *Si temierais morir* (Tusquets Editores, Premio de la Crítica Valenciana 2009). Ha reunido sus poemas hasta 2003 en *El sueño verdadero (Poesía 1988-2002)*. Es también autor de dos libros de relatos, *Cuentos de un escritor sin éxito* (1994, Premio Tigre Juan) y *El espíritu vacío* (2004), y algunas de sus historias han recibido galardones como el Permio Max Aub o el Camilo José Cela.

RAFAEL GÓMEZ, EL GALLO

[Rafael Gómez Ortega] (Madrid, 1882-Sevilla, 1960) (Hijo del también torero Fernando Gómez García y hermano de Fernando y Joselito.) A los trece años banderilleó en Alcalá del Río, y en 1895 se presentó en Valencia, llevando como auxiliares al Gallo, padre, a Reverte y a Emilio Torres, Bombita. En septiembre de 1902, en la Real Maestranza de Sevilla, le concedió la alternativa Emilio Torres. Se retiró por vez primera de los ruedos en 1918, pero reapareció al año siguiente en Ceuta y siguió toreando hasta el comienzo de la guerra civil. Se retiró de los ruedos en Barcelona, en 1936.

FÉLIX GRANDE

(Mérida, 1937) Vivió parte de su adolescencia y juventud en Tomelloso (Ciudad Real). A su primer poemario, *Las piedras* (1964, Premio Adonais), le siguieron más de ocho libros de poesía, entre ellos *Taranto* (1971) o *Las rubáiyátas de Horacio Martín* (1978, Premio Nacional de Poesía). Reunió en *Biografía. Poesía completa* (1985) su obra poética hasta 1984, y después ha publicado cuatro volúmenes más. Director durante trece años de *Cuadernos Hispanoamericanos*, es además letrista y guitarrista, así como reconocido experto en flamenco, autor de obras como *Memoria del flamenco* (1979), *La vida breve* (1995) y *Paco de Lucía y Camarón de la Isla* (1998).

ANTONIO LUCAS

(Madrid, 1975) Es licenciado en periodismo, columnista y redactor de Cultura del diario *El Mundo*. En 1996 publicó su primer libro de poemas, *Antes del mundo,* accésit del premio Adonais. Es autor también de *Lucernario* (1999), *Las máscaras* (2004) y *Los mundos contrarios* (2009, XXX Premio Internacional de Poesía Ciudad de Melilla). Su obra poética, que partiendo del surrealismo ha dado lugar a una voz muy singular, ha merecido otros galardones como el Premio Ojo Crítico de RNE. Es autor de la antología *Ocho poéticas de hoy. Nuevas voces en la poesía española* (1997).

CARLOS MARZAL

(Valencia, 1961) Estudió Filología Hispánica en la Universidad de Valencia y fue codirector de la revista *Quites* (1982-1992). Poeta, narrador y aficionado taurino, publicó su primer libro de poemas, *El último de la fiesta,* en 1987, y cuatro años después, *La vida de frontera.* Le seguirían los poemarios *Los países nocturnos* (1996) y *Metales pesados* (2001, Premio Nacional de la Crítica y Nacional de Literatura), y *Fuera de mí* (2004, Premio Fundación Loewe); estos cinco libros están agrupados en *El corazón perplejo. Poesía reunida (1987-2004)* (Tusquets Editores, 2005). Posteriormente ha publicado *Ánima mía* (2009). Es autor, además, de la novela *Los reinos de la casualidad* (2003), y ha reunido sus escritos teóricos en *Poesía a contratiempo* (2002), sus aforismos en *Electrones* (2007) y sus apuntes sobre arte en *El cuaderno del polizón* (2007).

JUAN LUIS PANERO

(Madrid, 1942) Tras estudiar en Madrid, El Escorial y Londres, desempeñó diversos trabajos editoriales desde 1963 hasta 1985, que le llevaron a viajar por varios países europeos y americanos. En 1985 se instaló definitivamente en la provincia de Girona. A su *Poesía completa (1968-1998)* se añade su último poemario, *Enigmas y despedidas* (1999). Es autor de un libro de prosas, *Los mitos y las máscaras* (1994), donde desarrolla su mundo literario y estético, así como de *Sin rumbo cierto. Memorias conversadas con Fernando Valls* (2000, XII Premio Comillas). Tusquets Editores ha publicado toda su obra. Ha recibido los premios Ciudad de Barcelona y Loewe de Poesía.

RAFAEL DE PAULA

[Rafael Soto Moreno] (Jerez de la Frontera, 1940) Debutó en mayo de 1957 en Ronda, y, en Las Ventas, en 1958, junto a Curro Puya y Juan Vázquez. Tomó la alternativa en 1960 en Ronda, en corrida goyesca, de manos de Julio Aparicio; catorce años después, en 1974, José Luis Galloso se la confirmó en Madrid. Sufrió una grave cornada en Madrid, en 1979. En mayo de 2000, durante una corrida en Jerez, decidió abandonar el toreo.

FERNANDO QUIÑONES

(Chiclana de la Frontera, 1931-Cádiz, 1998) Es autor de novelas, como las tituladas *Las mil noches de Hortensia Romero* (1979) o *La canción del pirata* (1983), de relatos cortos, como los recogidos en *Viento sur* (1987), de varias obras teatrales y de ensayos. Como poeta, se distinguen en su obra dos épocas: pertenecen a la primera *Ascanio o el libro de las flores* (1956), *Cercanía de la gracia* (1956, Premio Adonais), mientras que las llamadas «crónicas poéticas», marcadamente narrativas, se inician con *Crónicas de mar y tierra* (1968) y concluyen con *Crónicas de Hispania* (1985). Flamencólogo eminente, escribió también algunos libros de relatos sobre temas taurinos, como *Siete historias de toros y de hombres* (1960).

JOAQUÍN SABINA

(Úbeda, 1949) Cursó estudios de Filología Románica en Granada y entre 1970 y 1977 vivió en Londres. En 1975 escribió sus primeras canciones, y en 1978 editó su primer elepé, *Inventario*, seguido de *Malas compañías* (1980), *La Mandrágora* (1981) y *Ruleta rusa* (1983). Desde entonces, y hasta *Alivio de luto* (2005), *Dos pájaros de un tiro* (Serrat & Sabina; 2007) y *Vinagre y rosas* (2009), se han sucedido, con gran éxito, numerosos discos. Es, además, autor de recopilatorios de versos satíricos como *Esta boca es mía* (2005), del libro de sonetos *Ciento volando de catorce* (2001) y del epistolario *A vuelta de correo* (2007), entre otras obras.

IGNACIO SÁNCHEZ MEJÍAS

(Sevilla, 1891-Madrid, 1934) Cuñado de Joselito el Gallo, se formó en su cuadrilla como torero y fue quien le dio la alternativa en 1919, en Barcelona, con Belmonte como testigo. Se retiró de los ruedos en 1927, pero reapareció en 1934. Además de torero, fue escritor, estrechamente relacionado con la Generación de 27, así como mecenas, empresario promotor, actor y jugador de fútbol y de polo. Es autor de, entre otras obras, la novela *La amargura del triunfo* (Berenice, 2009). Su muerte en la plaza de Manzanares fue inmortalizada por la elegía que le dedicó Federico García Lorca, el célebre «Llanto por la muerte de Ignacio Sánchez Mejías».

ELOY SÁNCHEZ ROSILLO

(Murcia, 1948) Es profesor de literatura española en la universidad de su ciudad natal. Entre el inicial *Maneras de estar solo* (1978, Premio Adonais) y *Oír la luz* (2008), hay que apuntar en el haber del autor otros cinco libros de poesía: *Páginas de un diario* (1981), *Elegías* (1984), *Autorretratos* (1989), *La vida*, publicado en 1996 por Tusquets Editores, que en adelante se encargará de sacar a luz las obras del poeta, y *La certeza* (2005, Premio Nacional de la Crítica). En 2004 se publicó *Las cosas como fueron. Poesía completa (1974-2003)*, recopilación de los primeros títulos de Sánchez Rosillo, corregidos y en edición definitiva. Es también autor del ensayo *La fuerza del destino* (1992) y de la traducción de la *Antología poética* de Giacomo Leopardi (1998).

ANDRÉS TRAPIELLO

(Manzaneda de Torío, León, 1953) Estudió Filosofía y Letras en la Universidad de Valladolid y vive en Madrid desde 1975. Autor de novelas, entre ellas *El buque fantasma* (1992), *Los amigos del crimen perfecto* (2003, Premio Nadal) y *Los confines* (2009), también es conocido por sus diarios –*Salón de pasos perdidos*, «novela en marcha» cuyo último volumen es *Troppo vero* (2009)– y por ensayos como *Clásicos de traje gris* (1990), *Las armas y las letras* (1995) o *La noche de los Cuatro Caminos* (2001). Como poeta ha publicado *Las tradiciones* (1991), donde están agrupados sus primeros libros, y, posteriormente, *Acaso una verdad* (Premio Nacional de la Crítica 1993), *Rama desnuda* (2001) y *Un sueño en otro* (2004). El conjunto de su obra le valió en 2002 el Premio de las Letras de la Comunidad de Madrid.

MARIO VARGAS LLOSA

(Arequipa, Perú, 1936) En 1959 inició una larga y brillante trayectoria literaria con *Los jefes*, que se prolongó con novelas que ya son clásicos de la literatura universal contemporánea, como, entre otras, *La ciudad y los perros* (Premio Biblioteca Breve y Premio de la Crítica 1963), *La casa verde* (Premio de la Crítica 1966), *Conversación en La Catedral* (1970), *Pantaleón y las visitadoras* (1973), *La guerra del fin del mundo* (1981), *Historia de Mayta* (1984), *Lituma en los Andes* (Premio Planeta 1993), *La fiesta del Chivo* (2000) y *Travesuras de la niña mala* (2006). Es autor también de una dilatada obra ensayista y ha realizado varias incursiones en el teatro. Ha recibido, además de los mencionados, algunos de los premios de mayor relevancia, como el Cervantes, el Príncipe de Asturias, el de La Paz en Alemania y el Jerusalén. En Tusquets Editores ha publicado *Historia secreta de una novela* y *Elogio de la madrastra*.

MANOLO VÁZQUEZ

[Manuel Vázquez Garcés] (Sevilla, 1930-2005) (Hermano de Pepe Luis Vázquez y Antonio, y tío de Pepe Luis Vázquez, a quien concedió la alternativa.) Debutó en 1946 y tomó la alternativa en la Real Maestranza de Sevilla en octubre de 1951, de su hermano Pepe Luis Vázquez, con Antonio Bienvenida de testigo. Lo confirmó en Las Ventas, en octubre de 1951, su hermano Pepe Luis Vázquez. En 1960 fue herido gravemente en Las Ventas, y en 1965 anunció su retirada. Regresó sin embargo a los ruedos en 1968, pero en septiembre de ese mismo año se retiró. Volvió a torear en 1981 para concederle la alternativa a su sobrino Pepe Luis, y se retiró definitivamente en 1983.

JOAQUÍN VIDAL

(Santander, 1935-Madrid, 2002) Periodista taurino, trabajó en el diario *El País* desde su fundación, como responsable de la crítica e información taurinas. Anteriormente había colaborado en el diario bilbaíno *Hierro*, en el vespertino *Pueblo* y, durante nueve años, en *La Codorniz*. Renovador de la crónica taurina, escribió también obras como *La feria de la apertura* (1975), *El toreo es grandeza* (1987) y *Cuarenta años después. Temporada taurina* (1987).

Los pintores

MANUEL ANTONIO BENÍTEZ REYES

(Rota, Cádiz, 1962) Licenciado en Bellas Artes por la Facultad de Sevilla, ha sido distinguido con numerosos premios de pintura (Premio Hispanoamericano de Huelva, Premio Doñana, entre otros). Ha llevado a cabo una labor continuada dentro del ámbito del cartelismo y del diseño gráfico, en el que se inició en revistas como *Fin de Siglo* y *Renacimiento*. También ha ilustrado cubiertas de libros para editoriales como Seix Barral, Nobel, Renacimiento y Pre-Textos. Ha realizado diversas exposiciones individuales en Sevilla, Cádiz, Madrid, Valencia, Tenerife y Málaga, entre otras ciudades.

Sus ilustraciones (páginas 50, 60, 174, 179 y 236) han sido cedidas especialmente para este volumen. (© Manuel Antonio Benítez Reyes, 2010)

VÉRONIQUE BOUISSIÈRE

(Mazamet, Francia, 1962) Ha realizado exposiciones de dibujos como «Los perros vienen detrás» y «Abernuncio», sobre temas del *Quijote*. Participó en la muestra «Los toros desde afuera», en el Club Diario Levante de Valencia. Ha publicado alguna colaboración literaria en la revista *Mà d'obra* y está ultimando un libro de *collages* –*Propos de poche*– para una editorial parisina.

Sus ilustraciones (páginas 30, 128 y 162) aparecieron en la revista Quites. *(© Véronique Bouissière, 2010.)*

RICARDO CADENAS

(Sevilla, 1960) Estudió Bellas Artes en la Universidad de Sevilla y desde 1987 trabaja como profesor de dibujo en la Facultad de Bellas Artes de Cuenca. Vive y trabaja en Madrid. Como pintor, a partir de 1985 ha realizado numerosas exposiciones individuales y colectivas, nacionales e internacionales; entre las individuales destacan las celebradas en la galería La Máquina Española de Sevilla y Madrid, la T'Venster Gallery de Rótterdam o, más recientemente, las realizadas en las galería Buades (Madrid), La Caja China (Sevilla) o Alfredo Viñas (Málaga). Su obra se encuentra en varias colecciones corporativas y museos de arte contemporáneo, como el Centro Andaluz de Arte Contemporáneo, la colección Caja Madrid, la Fundación A. Pérez (Cuenca) o el Centro de Arte Reina Sofía (Madrid).

Su ilustración de la página 248 apareció en la revista Quites, *y la de la página 220 (retrato del torero Emilio Muñoz, lápiz sobre papel, 2004) ha sido cedida especialmente para este volumen. (© Ricardo Cadenas, 2010.)*

JOAN CARDELLS

(Valencia, 1948) Estudió en la Escuela de Artes y Oficios de Valencia y en la Escuela Superior de Bellas Artes de esta misma ciudad. Miembro del Equipo Realidad (1966-1977), ha realizado numerosas exposiciones individuales, y ha participado en exposiciones colectivas españolas e internacionales (Bolonia, Stuttgart, Buenos Aires y Basilea, entre otras ciudades). Pintor, dibujante y escultor, su escultura, con materiales como la uralita y el cartón, ha desarrollado una poética que suma atmósferas del mundo industrial y la «grisalla» del dibujo clásico. Ha merecido el Premio Cáceres de Escultura 1982 y el Premi Alfons Roig 2000. Tiene obras en el IVAM (Valencia), The Chase Manhattan Bank (Nueva York), el Mie Prefectural Art Museum (Japón) y el Centro de Arte Reina Sofía (Madrid), entre otros.

Su ilustración (página 212) apareció en la revista Quites. *(© Joan Cardells, 2010.)*

JAVIER CHAPA

(Valencia, 1957) Estudió en la Escuela Superior de Bellas Artes de San Carlos de Valencia. En 1981 obtuvo una beca Fulbright-Banco de Bilbao y residió en Estados Unidos dos años, durante los cuales se licenció por la Universidad de Nueva York y amplió sus estudios en el Pratt Graphic Center de Manhattan. Además de pintor, es profesor de pintura en la Facultad de Bellas Artes de la Universidad Politécnica de Valencia. Ha realizado exposiciones individuales en Estados Unidos, España y Francia, y ha participado en exposiciones colectivas en España, Estados Unidos, México, Venezuela y Austria, entre otros países. Fue seleccionado por el Ministerio de Asuntos Exteriores para representar a España en El Cairo.

Sus ilustraciones (páginas 92, 99 y 112) aparecieron en la revista Quites. *(© Javier Chapa, 2010.)*

LUIS CLARAMUNT

(Barcelona, 1951-Zarautz, 2000) Abandonó los estudios de Filosofía y Letras para dedicarse a la pintura, al principio partiendo de postulados expresionistas, para derivar en una obra cada vez más original. La galería Dau al Set realizó en 1983 una primera exposición antológica de su pintura. En 1984 se desplazó a Madrid, luego a Sevilla y Marruecos, para después instalarse definitivamente en Madrid. Su obra se expuso en prestigiosas galerías (Buades, La Máquina Española, Temple, Ferran Cano, Fernando Ortiz, Tomás March, Juana de Aizpuru) y concurrió con frecuencia a ferias internacionales como las de ARCO (Madrid), Basilea o Chicago.

Su ilustración (página 17) apareció en la revista Quites. *(© Herederos de Luis Claramunt, 2010.)*

ANTONIO DOMÈNECH

(Castelló de la Ribera, 1957) Licenciado en Filología Románica por la Universidad de Valencia, fue codirector de la revista *Quites*. Ha realizado exposiciones individuales y colectivas de pintura en las galerías Temple, Buades y Moriarty, entre otras, y en Ostende y Roma. Entre 1992 y 1993 fue becario de pintura en la Academia de España en Roma. Colabora gráficamente en las revistas *Renacimiento*, *Mà d'obra* e *Images/Images*. Tiene obra en el Museo de San Telmo de San Sebastián y en el SONS de Kruishoutem. Su última exposición, «Metamorphosis Naturalis», junto a Koen Broucke, Marco Jacobs, Léon Spilliaert, entre otros, tuvo lugar en la Nottebohmzaal de la Stadsbibliotheek de Amberes.

Sus ilustraciones (páginas 114, 121, 166, 169, 182 y 228) aparecieron en la revista Quites. *(© Antonio Domènech, 2010.)*

RAMÓN GAYA

(Huerto del Conde, Murcia, 1910-Valencia, 2005) Dio muy pronto sus primeros pasos en el mundo del arte y, en 1928, durante una estancia en París, expuso obras con otros pintores; en 1937 participó en el Pabellón de la República Española en la Exposición de París. En 1939, tras permanecer en el campo de concentración de San Cyprien, permaneció exiliado en México hasta 1952, año en que regresa a Europa y, en 1953, de nuevo a México. Se sucedieron las obras, las exposiciones y fructíferas colaboraciones. Se establece después en Italia, y hasta los años ochenta no empieza a recuperarse su figura en España. En 1990 se creó el Museo Ramón Gaya (Murcia). Además de pintor, fue poeta y ensayista, autor de, entre otros, *Velázquez, pájaro solitario* (1969). La publicación de los cuatro volúmenes de su *Obra completa* culminó en 2000 (Pre-Textos).

Sus ilustraciones (páginas 11, 23, 109, 159, 195 y 253) aparecieron en la revista Quites, *que contó con una viñeta suya en cada una de sus portadas, además de con otras ilustraciones en su interior. (© Herederos de Ramón Gaya, 2010.)*

LUIS GORDILLO

(Sevilla, 1934) Tras estudiar Derecho, cursó estudios en la Escuela Superior de Bellas Artes de Sevilla. Residió en París casi dos años, y en 1960 fijó su residencia en Madrid. Su obra ha evolucionado desde el figurativismo hacia, entre otras tendencias, el arte pop. Merecedor del Premio Nacional de Artes Plásticas 1981 y del Premio Velázquez 2007, entre otros, destacan su participación en la Bienal de Venecia de 1976 y la exposición antológica en la Biblioteca Nacional en 1977, así como la retrospectiva de su obra organizada en el IVAM (Valencia) en 1993.

Su ilustración (página 227) apareció en la revista Quites. *(© Luis Gordillo, 2010.)*

MIQUEL NAVARRO

(Mislata, 1945) Estudió en la Escuela Superior de Bellas Artes de San Carlos de Valencia y, tras comenzar su carrera como pintor, desde 1972 se dedica casi exclusivamente a la escultura. A su primera exposición en Nueva York en 1980, le siguieron París, Berlín, California, México y Florencia, entre otras ciudades. Tiene esculturas en espacios públicos de numerosas ciudades, y cuentan con obras suyas museos como el Guggenheim de Nueva York, el IVAM (Valencia), el Centro de Arte Reina Sofía (Madrid), el MACBA (Barcelona) o el Georges Pompidou (París). Desde 2008 es académico de número de la Real Academia de Bellas Artes de San Fernando. Ha obtenido, entre otros, el Premio Nacional de las Artes Plásticas 1986, el Premio Alfons Roig 1987 y el Premio Nacional de la Asociación de Críticos de Arte de Arte (ARCO 1995).

Sus ilustraciones (páginas 146, 151, 155, 242 y 245) aparecieron en la revista Quites. *(© Miquel Navarro, 2010.)*

MANUEL PADORNO

(Santa Cruz de Tenerife, 1933-Madrid, 2002) En Las Palmas se inició en sus grandes pasiones: la pintura y la poesía. Expuso por primera vez en la Hampstead Heath Gallery (Londres) en 1971 y posteriormente en varias ciudades españolas y europeas; dedicó a los toros la exposición *Nómada urbano: toro* (1985). Trabajó como editor en Madrid, donde vivió hasta mediados de los años ochenta, en que se trasladó a Punta Brava, en Las Palmas. En 1955 apareció su primer libro de poemas, *Oí crecer las palomas*, y después publicó más de una veintena de títulos de poesía –entre ellos *A la sombra del mar* (1963), *Coral Juan García* (1977), *Desnudo en Punta Brava* (1990), *Éxtasis* (1993)– y tres volúmenes más, publicados por Tusquets Editores: *Hacia otra realidad*, *Canción atlántica* y *Edenia*.

Su ilustración (página 224) ha sido cedida especialmente para este volumen. (© Herederos de Manuel Padorno, 2010.)

GUILLERMO PEYRÓ ROGGEN

(Valencia, 1953) Ha realizado exposiciones individuales en Valencia, Sevilla y Madrid, y ha participado en exposiciones colectivas en muchas ciudades de España. Desde 1991 participa en ARCO (Madrid) con la Galería I Leonarte. Sus obras han obtenido galardones como el XIV Premi Senyera de Pintura (Valencia, 1980) y han sido premiadas en Bienales como las de Barcelona (1982) y Oviedo (1983), entre otras. Poseen obras suyas las colecciones del Museo Español de Arte Contemporáneo (Madrid), Fundación Argentaria (Madrid), Fundación Mapfre (Valencia), así como la Conselleria d'Administració Pública (Generalitat Valenciana) y el Ayuntamiento de Valencia, entre otras instituciones. También ha realizado ilustraciones para libros de poemas y para publicaciones como *El Farolito* y *Mà d'obra*.

Sus ilustraciones (páginas 54 y 57) aparecieron en la revista Quites. *(© Guillermo Peyró Roggen, 2010.)*

JOAQUÍN SÁENZ

(Sevilla, 1931) Estudió en la Escuela de Artes y Oficios de Sevilla y asistió a la Escuela de Bellas Artes de esa misma ciudad. Su obra se ha expuesto numerosas veces en galerías de toda España, y también en París. Fue también profesor de arte y grafismo en el Centro Español de Nuevas Profesiones. Ha realizado numerosos carteles de veladas de flamenco, algunos de ellos recogidos en *Carteles de Joaquín Sáenz (1973-1990)*, de Francisco del Río (Padilla Libros, 1991). Compaginó el trabajo de pintor con el de impresor, y la imprenta se convirtió en tema recurrente de su pintura: la Casa de la Provincia, de la Diputación de Sevilla, acoge una exposición permanente de su obra en torno a «La imprenta de San Eloy».

Sus ilustraciones (páginas 132, 138 y 143) aparecieron en la revista Quites. *(© Joaquín Sáenz, 2010.)*

PEDRO SERNA

(Las Torres de Cotillas, Murcia, 1944) Desde su primera exposición individual, en 1968, en Granada, ha participado en numerosas exposiciones en Murcia, Barcelona, Valencia y Madrid, entre otras ciudades. Colaboró en la película *Pajarico* (1997), de Carlos Saura. Paisajista, principalmente, y considerado uno de los grandes acuarelistas españoles actuales, dedicó la exposición «El viaje» (Mula, 2005) a paisajes de Francia, Inglaterra, Italia y España, y la monográfica «Tauromaquias» (Centro de Arte Palacio Almudí, Murcia, 2002) al arte del toreo.

Sus ilustraciones (páginas 5, 32, 188, 191 y 205) han sido especialmente cedidas para este volumen. (© Pedro Serna, 2010.)

Agradecimientos

Además de a todos y cada uno de los autores, por su colaboración, quisiera dar las gracias en particular, por su generosidad y ayuda, a Fernando Bergamín; a Paloma Recasens, y también a David González Romero; a Paloma Mejías Bienvenida; a Manuel Vázquez (hijo); a Mauro Quiñones y a Joaquín Vidal (hijo). En lo que respecta a los pintores, quisiera expresar mi agradecimiento a todos ellos; estoy particularmente agradecido a Isabel Verdejo, a Manuel Antonio Benítez Reyes, a Pedro Serna, a Joan Cardells, a Victoria Claramunt, a Josefina Betancor y Patricia Padorno; a Felipe Benítez Reyes, a Tomás March, a Antonio Domènech, a Fernando Salas, a Miquel Barceló, a Luis Francisco Esplá y a Joaquín Sáenz. Y de manera muy especial a Ana Estevan, de Tusquets Editores, que ha depositado en este libro todo su entusiasmo, su talento de editora y su cariño.

Últimos Marginales

244 Conversaciones entre alquimistas
   Jorge Riechmann

245 Edenia
   Manuel Padorno

246 Un pez que va por el jardín
   José Corredor-Matheos

247 Si temierais morir
   Vicente Gallego

248 Desiertos de la luz
   Antonio Colinas

249 Desde fuera
   Álvaro Valverde

250 Aire Nuestro
   Cántico, Clamor, Homenaje,
   Y otros poemas, Final
   Jorge Guillén

251 Oír la luz
   Eloy Sánchez Rosillo

252 Acontecimiento
   Concha García

253 Ánima mía,
    Carlos Marzal

254 Cuatro noches romanas
    Guillermo Carnero

255 Un encuentro
    Millan Kundera

256 Veinte años de poesía
    Edición de Andrés Soria Olmedo

257 El trueno más allá del Popocatépetl
    Poemas escogidos
        Malcolm Lowry

258 Fámulo
    Francisco Ferrer Lerín

259 Hainuwele y otros poemas
    Chantal Maillard

260 Tres tratados de armonía
    Antonio Colinas

261 Nombres del árbol
    Antonio Moreno

262 Tarde o temprano
    Poemas (1958-2009)
        José Emilio Pacheco

263 Sentimiento del torero
    Carlos Marzal (ed.)

264 Y ningún otro cielo
    Abelardo Linares